中职专业英语课程
混合式学习研究与实践
——以旅游情境英语课程为例

赵 慧 著

图书在版编目(CIP)数据

中职专业英语课程混合式学习研究与实践:以旅游情境英语课程为例 / 赵慧著. -- 上海:同济大学出版社,2022.2
 ISBN 978-7-5765-0153-7

Ⅰ.①中… Ⅱ.①赵… Ⅲ.①英语课—教学研究—中等专业学校 Ⅳ.①G633.412

中国版本图书馆 CIP 数据核字(2022)第 031500 号

中职专业英语课程混合式学习研究与实践
——以旅游情境英语课程为例
赵 慧 著

责任编辑 吕 炜　　**助理编辑** 蒋佳辰　周锦欣　　**责任校对** 徐春莲　　**封面设计** 完 颖

出版发行	同济大学出版社　　www.tongjipress.com.cn	
	(地址:上海市四平路 1239 号　邮编:200092　电话:021-65985622)	
经　销	全国各地新华书店	
制　作	南京月叶图文制作有限公司	
印　刷	江苏凤凰数码印务有限公司	
开　本	787 mm×1092 mm　1/16	
印　张	9	
字　数	225 000	
版　次	2022 年 2 月第 1 版　　2022 年 2 月第 1 次印刷	
书　号	ISBN 978-7-5765-0153-7	

定　价　49.00 元

本书若有印装质量问题,请向本社发行部调换　　版权所有　侵权必究

前　　言

建设教育强国,教育优先发展是中国的国家战略。为培养高素质的人才,教育改革一直备受关注。《国家职业教育改革实施方案》(2019)指出,职业教育与普通教育具有同等重要的地位,要求在推进高等职业教育高质量发展的同时,提高中等职业教育发展水平,保持高中阶段教育职普比大体相当。

在信息化时代的今天,教育改革的重要举措之一就是要加快教育现代化步伐。《职业教育提质培优行动计划(2020—2023年)》(2020)提出实施职业教育信息化2.0建设行动,利用信息技术推动教育教学改革。转变中职教学中仍然普遍存在的教师"一言堂"现象,利用信息技术解决教学质量和教学效率的问题,混合式学习是优选的解决方案。它充分利用互联网和面授课堂教学各自的优势,来提升课程教学质量和效率。因此,研究中职课程的混合式学习有着十分重要的意义。

本书在分析了中职专业英语课程教学现状的基础上,以建构主义学习理论、多元智能学习理论和学习金字塔理论为指导,根据中职专业英语课程混合式学习需求分析,提出中职专业英语课程混合式学习整体框架,并以中职旅游情境英语课程教学为例,构建适合中职专业英语课程教学的混合式学习"三部曲"模式,开展实践研究,达到了比传统教学更为理想的教学效果。

笔者作为项目负责人主持上海市教育委员会教育信息技术应用研究项目(中等职业教育类)"基于网络课程的旅游情境英语课程混合教学模式的实践研究",并以第二作者身份在《现代教育技术》CSSCI期刊发表了论文《促进英语语言技能提升的混合式学习研究》。

本书能顺利出版,得到了作者所在单位上海市商贸旅游学校的支持,对此特表示衷心的感谢!

由于中职教育实施课程混合式学习模式仍处于探索发展阶段,同时作者水平有限,书中难免有不足之处,恳请批评指正。

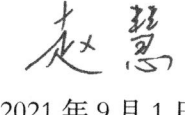

2021年9月1日

目　　录

前言

第 1 章　绪论 ··· 1
 1.1　研究背景 ·· 1
 1.2　研究意义 ·· 3
 1.3　国内外研究现状与分析 ·· 4
  1.3.1　国内外研究现状 ·· 4
  1.3.2　问题分析 ·· 12
 1.4　本书研究内容 ··· 14

第 2 章　混合式学习的理论基础 ·· 16
 2.1　中职专业英语课程混合式学习理论框架 ································ 16
 2.2　建构主义学习理论 ··· 18
 2.3　多元智能学习理论 ··· 19
 2.4　学习金字塔理论 ·· 21

第 3 章　中职专业英语课程混合式学习需求分析 ····························· 25
 3.1　中职专业英语课程研究现状分析 ··· 25
  3.1.1　中职专业英语现有问题分析 ······································· 26
  3.1.2　中职专业英语课程的共同问题 ···································· 27
 3.2　混合式学习对中职专业英语课程教学的支持 ·························· 29
 3.3　中职专业英语课程混合式学习整体框架 ································ 32

第 4 章　旅游情境英语课程混合式学习模式的构建 ·························· 35
 4.1　中职旅游情境英语课程基本情况 ··· 35
  4.1.1　中职旅游情境英语课程介绍 ······································· 35

         4.1.2　中职旅游情境英语课程教学问题分析 …………………… 37
　　4.2　旅游情境英语课程混合式学习"三部曲"模式 ……………………… 39
         4.2.1　学生特征 ………………………………………………… 41
         4.2.2　教学目标 ………………………………………………… 43
         4.2.3　学习环境 ………………………………………………… 44
         4.2.4　学习活动 ………………………………………………… 45
         4.2.5　学习评价 ………………………………………………… 46

第5章　基于"三部曲"模式的旅游情境英语网络课程开发 …………… 48
　　5.1　旅游情境英语网络课程内容结构树框架设计 ……………………… 48
         5.1.1　旅游情境英语网络课程内容总框架设计 ………………… 49
         5.1.2　旅游情境英语网络课程内容单元框架设计 ……………… 50
         5.1.3　旅游情境英语网络课程内容框架的结构树 ……………… 51
　　5.2　旅游情境英语网络课程单元学习资源的设计 ……………………… 53
         5.2.1　预习新知阶段学习资源的设计 …………………………… 54
         5.2.2　强化重点阶段学习资源的设计 …………………………… 61
         5.2.3　操作难点阶段学习资源的设计 …………………………… 63
　　5.3　旅游情境英语网络课程学习评价体系的设定 ……………………… 67
         5.3.1　自主学习投入度 …………………………………………… 68
         5.3.2　互动交流参与率 …………………………………………… 69
         5.3.3　学习成果得分 ……………………………………………… 70

第6章　旅游情境英语课程混合式学习"三部曲"模式实践 …………… 71
　　6.1　旅游情境英语课程混合式学习实践对象 …………………………… 71
         6.1.1　一般特征分析 ……………………………………………… 71
         6.1.2　先验知识分析 ……………………………………………… 73
         6.1.3　学习风格分析 ……………………………………………… 74
　　6.2　旅游情境英语课程混合式学习活动设计与实施 …………………… 75
         6.2.1　预习新知阶段学习活动设计与实施 ……………………… 76
         6.2.2　强化重点阶段学习活动设计与实施 ……………………… 82
         6.2.3　操作难点阶段学习活动设计与实施 ……………………… 86
　　6.3　旅游情境英语课程混合式学习实践研究过程 ……………………… 90

  6.3.1 旅游情境英语课程混合式学习实践研究流程 ……………… 91
  6.3.2 旅游情境英语课程混合式学习实践先导研究 ……………… 92
  6.3.3 旅游情境英语课程混合式学习实践正式研究 ……………… 93

第 7 章 旅游情境英语课程混合式学习效果与讨论 ………………… 96
 7.1 课程混合式学习数据分析 …………………………………………… 96
  7.1.1 课程混合式学习学业表现数据分析 ………………………… 96
  7.1.2 课程混合式学习调查问卷数据分析 ………………………… 106
 7.2 课程混合式学习结果讨论 …………………………………………… 115

第 8 章 总结与展望 ………………………………………………………… 119
 8.1 总结 …………………………………………………………………… 119
 8.2 存在的不足 …………………………………………………………… 120
 8.3 展望 …………………………………………………………………… 121

参考文献 ………………………………………………………………………… 123

后记 ……………………………………………………………………………… 129

附录 ……………………………………………………………………………… 130
 附录一 中职旅游情境英语课程教学问题访谈提纲 …………………… 130
 附录二 学习态度调查问卷 …………………………………………………… 132
 附录三 课程满意度调查问卷 ………………………………………………… 135

第1章 绪 论

21世纪是信息技术的革新期,多媒体技术和网络技术不断升级,使人们的生活方式发生了前所未有的改变。同样,教育领域也发生了深刻且剧烈的变革。本书的研究顺应教育改革的潮流,将以科学求真的态度开展实证研究。

1.1 研究背景

教育至关重要,国务院多次发布纲领性文件,突显教育的地位。《国家中长期教育改革和发展规划纲要(2010—2020)》指出:"人力资源是我国经济社会发展的第一资源,教育是开发人力资源的主要途径。"《中共教育部党组关于认真学习贯彻全国教育大会精神的通知》同样强调"教育对实现中华民族伟大复兴具有决定性意义"要"落实教育优先发展战略""加快建设教育强国"。可见,教育不单单是关系一个家庭、一所学校、一片区域,而且与民族振兴、国家昌盛息息相关。因此,培养高素质的人才是教育工作者肩负的神圣职责。

职业教育作为教育的重要组成部分日益得到重视。《国家职业教育改革实施方案》指明,职业教育与普通教育"具有同等重要地位",在"推进高等职业教育高质量发展"的同时,应"提高中等职业教育发展水平""保持高中阶段教育职普比大体相当"。职业教育的地位并不次于普通教育,其中,中等职业教育的学生人数与普通高中教育的学生人数持平。参照职业教育发展成熟的欧盟情况,根据欧洲共同体统计局的统计数据(2020),2018年在欧盟27国中,2.6%的初中学生参加了职业教育,高中阶段教育这一比例达到48.4%,有94.4%的学生参加了非高等教育的高中后职业教育。可见,职业教育在欧洲共同体极为普及。我国提出,高中阶段教育职普人数比保持大体相当,那么,在可以预见的将来,我国的中等职业教育普及度目标将达到欧盟水平。

中等职业教育地位的上升不仅体现在普及度上,还应体现在教学质量上。教育的中心是学生,《国家中长期教育改革和发展规划纲要(2010—2020)》强调,"关心每个学生,促进每个学生主动地、生动活泼地发展"。因此,教育不应局限于精英教育,教育者不能只关注培养精英而使其他学生变成陪读。在中职教育中,更为困难的是不轻易放弃任何一个学生,如果某一课程对一个学生是短板,那么对这个学生而言,就可能影响其终生的发展。这对中职教师是莫大的挑战,但事实证明我们可以避免。新加坡唯一一所职校ITE(Institute of Technical Education)招收的是经过多次统一学业测试末25%的学生,但它培养出了国际公认的高素质劳动者。

中等职业教育改革只有不断深入,才能顺应时代的要求。《职业教育提质培优行动计划(2020—2023年)》中提出"实施职业教育信息化2.0建设行动"。早在1996年,我国就已经开起教育信息化发展的旅程,《教育信息化"十五"发展规划(纲要)》总结了"九五"计划的主要成就之一是"教育部已批准67所高等学校进行现代远程教育试点,开设了8大类51个专业,据2001年统计,网络学院共招生60.8万人"。20多年来的教育信息化建设给教育改革带来了勃勃生机。普遍的共识是传统课堂教学以教师教授为主,学生是被动的接受者,教师是演说家,学生是速记员,学生无暇进行深层次的思考。而网络教学以学生自主学习为主要形式,学生可以自定步调,掌握学习的主动权,教师是引导者、咨询师、参与者和监督员。

然而,网络教学不是万能的。东北大学的东方软件集团,北京大学的北大方正,清华大学的清华同方、清华紫光,天津大学的天大天财是教育信息技术研究开发的主力军。但是在高校轰轰烈烈地推广实施后,效果并不完全都是理想的,有些教学改革的结果是"机灌"代替了"人灌",并没有完全激发学生的学习兴趣,学生自制力的差异造成了学习效果的差异。

经验教训促使教育者更推崇混合式学习研究,以期达到面授课堂教学与网络教学优势互补的效果。英文术语'Blended Learning''Blending Learning''Hybrid Learning'有多种中文翻译:"混合式学习""混合学习""混合式教学""混合教学"。本书聚焦学生的学习,强调以学生为主体,故选用"混合式学习"这一术语。混合式学习逐渐得到我国学者的关注,国内教育技术界的专家强调混合式学习的意义。何克抗(2004)认为,混合式学习新含义的提出是一场"教育思想观念大变革",也标志着当代教育技术理论的深入发展。南国农(2010)指出,混合式学习"符合学与教规律,适合我国国情,对当今教育信息化建设和深化改革具有现实意义"。

中职专业英语课程教学混合式学习研究是在中等职业教育领域对专业英语教学改革的探索。中职专业英语课程与学生所学专业挂钩，具有鲜明的行业特征。随着行业发展对人才培养要求不断提高，国家大力发展职业教育，需要培养一大批大国工匠，但一流工匠极少，大量的普通工匠与行业要求之间还存在较大的落差。这将促使中职专业英语教学转型升级。教育信息化推动了中等职业教育信息技术与教学深度融合的改革，尤其在2020年抗击新冠肺炎疫情实行"停学不停课"期间，全面开展了线上信息化教学。但恢复正常的线下教学后，传统的教学手段仍占主导地位。如何使教育信息化真正落地，为广大中职教师所接受？

在以上研究背景下，本书深入研究中职专业英语课程混合式学习，试图找到适合且有效的途径，解决矛盾，提升课程教学质量和效率，以培养高素质的人才。

1.2　研究意义

本书在前人混合式学习研究的基础上，以理论为依据，根据中等职业学校学生的认知水平和学习特点，结合本校可以提供的信息技术设施设备和网络平台，研究中职专业英语课程混合式学习整体框架及五个构成要素，并以中职旅游情境英语课程教学为例，构建中职专业英语课程教学的混合式学习"三部曲"模式，开展了实践研究并加以验证，以达到中职专业英语课程混合式学习模式的最佳拟合度，具有一定的理论意义和应用价值。

本书着力点在于将网络环境与面授课堂环境相结合，构建适合中职专业英语课程的混合式学习模式，坚持在课程中植入企业实际工作岗位要求的原则，体现融合学生主体性与教师主导性的活动设计，推动中职专业英语课程改革，使混合式学习模式本土化、课程化和单元化。因此，本书对现有的混合式学习研究能起到一定的补充、延伸和扩展作用。

通过实验法为中职专业英语课程中的旅游情境英语课程混合式学习研究提供了数据支持，同时，研究历经了两轮的常态化实践，不断发现问题、解决问题，在细节上逐步使中职旅游情境英语课程混合式学习模式趋于合理，提高了教学有效性，为培养具备英语交际能力和专业知识技能的高素质服务性人才提供了探索途径。本书充分体现中职特质和学科特征，能为中职学校任课教师改革各类中职专业英语课程教学提供参考，有助于促进混合式学习实践的深入发展。

1.3 国内外研究现状与分析

1.3.1 国内外研究现状

国内外学者对混合式学习、英语课程混合式学习都有相关研究,但国外没有关于中职专业英语教学的文献,因此中职专业英语教学的研究仅限梳理国内文献资料。

1. 中职专业英语教学

以"中职专业英语教学"为关键词在中国知网搜索,发现国内文献资料的实际内容分为两类:一类是各类专业的中职英语教学,另一类是各类中职专业英语课程教学。

1)各类专业的中职英语教学

国内有关中职专业英语教学的文献中一类是研究针对中职学生的专业开展中职英语教学。

第一,研究将专业内容融入中职英语教学。唐韩峰(2018)针对中职酒店专业的英语教学,添加西餐点餐的英语服务内容,创设真实场景,让学生在西餐摆台操作时复习英语词汇,再分小组操练点餐服务的英语口语。徐杨帆(2019)针对电子商务专业的学生,在教学内容中增加商务词汇,引导学生广泛阅读商务英文资料。吴赛平(2020)针对汽修班学生,以简单、实用、多动手和动口为原则,拓宽学生的文化视野,利用汽车模型图和实训场景图推进专业词汇教学。俞绩伟(2020)针对烹饪专业的学生,将《中职英语基础模块》教材的部分任务替换成与烹饪专业有关的活动并进行评价,由此改变单一的笔试评价手段,注重了与烹饪有关的英语口语的评价。

第二,在特定的理论指导下,教授中职英语。李斯莹(2020)针对中职幼教专业,用教育戏剧理论指导教学,采用即兴创作、角色扮演、戏剧游戏、情景对话、课本剧、分角色朗读和模仿等活动开展英语教学。罗容华(2019)用交际教学法对商务英语专业学生开展中职英语的语法教学。张淼(2019)采用产出导向法对中职导游服务专业学生进行英语口语教学,按照"产出—驱动—评价"的步骤设计教学互动,提升学生的英语口语表达能力。

第三,微课在中职英语教学中的应用。萧建蕾(2019)研究了教师在对珠宝专业学生实施中职英语教学时,将微课应用于课堂导入、讲解环节以及课后的拓展学习。曾茵茵和曾旭(2019)针对护理专业,将微课用于课前学习、课中解决教学重难点和课后小组讨论及知识运用。

2）各类中职专业英语课程教学

国内另一类研究中职专业英语课程教学的文献是关于中职各专业开设的相应专业英语课程教学。

第一，这类文献研究多种教学法在各类中职专业英语课程教学中的运用。熊再红（2018）研究在中职学校的计算机专业英语教学中实行分层目标驱动教学法，以备课教案分层为基础，针对不同层次的学生制订相应层次的教学目标，在教学实践中将学生分成若干个任务组，每组都有甲、乙、丙三类学生，承担不同层次的任务。彭媛媛（2018）用理实一体化的教学方法，在中职城轨专业英语教学中让师生双方边教、边学、边做，将理论和技能相结合。方丽妹（2020）将任务型教学法应用于中职学前教育专业英语教学中，针对主题设计幼儿英语教学方案，活动设计中融入英语儿歌、图片和制作教具等，学生分组汇报并互评。张艳娜（2019）将情境教学法应用于中职邮轮乘务英语教学中，采用实物道具、游戏和职业情境模拟，提升学生职业素养和英语运用能力。

第二，中职专业英语课程与行业对接。范瑜艳（2020）针对中职饭店专业英语课程，根据企业要求完善课程标准，在学校实训室进行体验式教学的基础上，让学生到企业轮岗实训，岗前强化复习饭店专业英语的重点，借用学习平台进行学习检测，邀请企业师傅参与学习评价。韦春甜（2019）针对中职汽车专业英语的学生需要参加汽车专业知识的实践培训等需求，以便他们在中职汽车专业英语教学中，为学生制订合适的学习目标，选择实用的专业英语教材，课堂布置场景或者到汽车实训室进行英语操练，并不定期带学生到4S店参加实践。张李（2020）针对烹饪专业英语教师，以就业为导向的特点，制订教学目标，用实物教学法、情景模拟教学法实施课堂教学，编写烹饪岗位所需的教学材料，并构建评价体系。黎春芳（2020）针对农村中职学校学生计算机专业知识欠缺以及英语基础薄弱的问题，将当地职业岗位需求融入计算机英语教学中，设计实际业务，运用多媒体创设情境，添加基础内容，弥补了学生知识的不足。

第三，技能赛与中职专业英语课程衔接。周璐（2020）将全国中等职业学校职业英语技能大赛与中职商务英语专业教学相对接，筛选出全国职业英语技能大赛赛项中的职场应用题用于商务英语教学，让学生以团队形式完成与单元教学相关的大赛职业场景工作任务。高美（2019）对照世界技能大赛餐厅服务项目，在邮轮服务英语教学中设计工作任务，在教室、实训室或餐厅开展实践操作性的课堂活动，增加文化背景知识的教学，将英语实际运用能力和专业技能合并考核。

第四，信息技术与中职专业英语课程相融合。韩恩月（2018）在中职酒店英语教学中应用 VR 技术使学生身临其境,课前先扫除单词障碍,课中每个学生与虚拟客人互动对话,课后拓展情景,学生进行闯关训练。周红娜(2019)认为,学生通过慕课学习中职专业英语,可以不受学校课程的限制,自由按需选择课程,共享优质学习资源。李永妹(2019)利用微课经典案例进行中职旅游英语情景教学,让学生掌握微课中的知识要点,在课堂内运用微课内容的精华与教师操练对话。李数函(2020)构建行动导向的"三双三阶段"电子信息专业英语教学模式,"三双"分别指双平台(线上和线下平台)、双师(专业教师和英语教师)和双课堂(校内课堂和校外课堂),"三阶段"分别指课前、课中和课后;课前双师集体备课,学生完成线上任务;课中在双师的指导下校内课堂学生线上以小组为单位领取任务并进行作品展示,校外课堂线下按小组完成企业调研任务;课后双师制作知识点 PPT,学生线上完成作业。

2. 混合式学习

1)混合式学习的概念

对于混合式学习有多种定义,大致可以分为三类:第一类认为混合式学习混合了各种教学形态或者传递媒介,如 Bersin et al.(2003),Orey(2002a),(2002b),Singh et al.(2001),Thomson(2002)。第二类把混合式学习视为各种教学方式的结合,如 Driscoll(2002),House(2002),Rossett(2002)。第三类认为混合式学习是线上教学与面对面教学的结合,如 Reay(2001),Rooney(2003),Sands(2002),Ward et al.(2003),Young(2002)。前两类对混合式学习的定义过于宽广,几乎包含了所有的学习系统,因此没有抓住混合式学习的本质。第三类则更准确地反映了混合式学习结合了两种曾被分割开的教学模式,即结合了传统的面对面学习系统与分散式的学习系统,同时也强调了在混合式学习中计算机技术的核心作用。

本书研究的是第三类,定义线上和线下混合式学习的国外文献中被引用最为频繁的是:Graham(2006)定义混合式学习系统是结合面对面教学与计算机为媒介的教学;Garrison and Kanuka(2004)定义混合式学习为课堂面对面学习经验与在线学习经验的深思熟虑的整合。

何克抗(2004a)提出了混合式学习的新含义:"所谓 Blending Learning 就是要把传统学习方式的优势和 E-Learning(即数字化或网络化学习)的优势结合起来;也就是说,既要发挥教师引导、启发、监控教学过程的主导作用,又要充分体现学生作为学习过程主体的主动性、积极性与创造性。"他强调了混合式学习将传统课堂教学和在线学习两者优势互补,明确了教师与学生是主导与主体的关系。

黎加厚(2004)把混合式学习解释为,为达到教学目标,师生在教学活动中,应充分运用各种教学模式、策略、方法、媒体和技术,最终达到一种艺术的高度。他对混合式学习的定义较为宽泛,强调各种要素和方式的结合,但他提出了一个很高的要求,教学要到达艺术境界。

李克东和赵建华(2004)把混合式学习定义为面对面的课堂学习和在线学习两种方式的有机结合。混合式学习的核心思想是基于不同的问题、要求,采用不同的方法解决教学中存在的问题,使用不同的媒体和信息传递方式去学习,并且要兼顾"性价比"。他不仅提出了线上和线下结合的学习形式,而且强调了混合式学习的核心是解决问题,信息技术的使用要考虑成本与产出的关系。

2) 混合式学习模式

Valiathan(2002)研究印度国家信息技术学院 NIIT(National Institute of Information Technology)提出的混合式学习三种模式:技能驱动学习模式、态度驱动学习模式和能力驱动学习模式。技能驱动学习模式是将自定步调的学习与指导者或促进者的支持相结合,以发展特定的知识和技能。通过线下面对面会议,线上建立同伴社区,评估在线项目作业。指导者或促进者像催化剂一样促成学习者产生理想的学习反应。态度驱动学习模式混合了多种活动和传递媒介,培养特定的行为,如针对软技能课程,通过面对面让学习者与专家会谈、与同伴角色扮演和技术辅助式的线上合作活动来教授课程内容,使学习者在无风险的环境下尝试新的行为或调整态度。能力驱动学习模式将绩效支持工具与知识管理资源及导师指导相混合,以培养学习者的工作能力。线上通过绩效支持工具掌握常见知识和工作原则,线下通过现场与专家互动和观察吸收隐性知识,使员工在实际工作中有迅速决策能力。

Staker et al.(2012)研究了从幼儿园到 12 年级的混合式学习,提出四种混合式学习模式:转换、弹性、自我混合和增强型虚拟模式。模式一,转换模式:学生在各种学习形态(线上学习、全班教学、小组项目、个人指导)间转换,其中,线上学习是必须包含的学习形态。转换模式可以细分为就地转换、机房转换、翻转课堂以及个体转换。就地转换指教学地点在一间教室或者多间教室里转换;机房转换指教学地点在机房与教室间转换;翻转课堂指学生独立学习线上课程,在课堂讨论问题,完成作业,教师进行协助;个体转换指每个学生的学习时间表由算法得出或者由老师制订,学生按照个性化的时间表转换不同的学习形态。模式二,弹性模式:学生以线上备选课程学习为主,没有固定的学习时间表,可以随时到学习中心学习,学习中心有教师监督,学生可以自由地在线上课程学习和面对面辅导或讨论之间转换。模式三,自我混合模式:学生在自修课或者放学后自己学习线上课程,补充学习学校常规课程之外的课程,课程中不含面对面教学内容,但可以有线下活动,课程登记教师为在线管理教师。模式四,增强型虚拟模式:学生在每周固定学习日接受必修的校园面对面学习部分,增强每周其他学习日的在线虚拟学习,在线学习可以在学校也可以在任何其他场所,学生面对面教学的天数根据学生的表现情况而定。

王倩(2016)利用浙江省职业教育选择性课程混合式学习系统创建了中等职业教育混合式学习模式。学生登录系统后自由选课,允许跨校选课,认可学分。线上统一时间上直播网课,由教师或企业专家授课,课前授课教师线上发布预习内容,学生查询资料;课中教师创设情境,学生自由组合,线上小组讨论,学生总结,教师点评并布置作业;课后线下学习,在固定时间和教室,由学生小组协作设计作品并展示,教师打分。

张细呈(2017)提出基于网络教学平台的混合式学习模式。他将该模式分为前端分析、学习活动与资源设计以及教学评价设计三个阶段。第一阶段,前端分析学习者、学习环境和学习内容。第二阶段,主要开发文本、图片、视频、测试和课件等资源。学习活动设计分为在线学习和面对面学习。在线学习活动包括自主学习、测试、评价反馈和互动交流,都在网络教学平台上实现;面对面学习先于教师答疑解惑,然后学生自主探究或者小组协作完成学习任务。第三阶段,教学评价设计是学习过程评价、课程考核评价以及学习作品评价。

李如雪(2020)提出基于网络学习空间的混合教学模式。该模式分为前期准备、教学活动设计和教学评价设计三个部分。前期准备对教学内容、学习者特征以及教学目标进行分析。教学活动设计将教学过程分为课程导学、课前、课中和课后四个阶段。其中,课程导学部分包括学习空间介绍、课程介绍、在线测试和对学生的情况调查。课前让学生了解学习目标,明确学习任务,自主学习线上资源,小组协作学习完成任务,小组讨论解惑,汇总问题,进行在线测试等。课中为线下教学,教师汇总课前问题、创设情境,学生参与课堂教学活动、分组讨论解决问题并汇报成果或者作业。课后教师补充线上学习资源,开展课后线上讨论,对学生作业进行评价,展示优秀的学生作品。学生在线参与测试,上传作业,进行自评和互评,巩固反思。教学评价设计采用多元评价方式,包括师评、自评、小组互评和组内成员互评等。

胡鑫鑫(2021)构建了基于PBL(Problem-based Learning)问题学习的混合教学模式。该模式分为前端分析、课堂教学过程和教学评价三个部分。第一,前端分析指学习者、学习内容和学习环境分析。第二,课堂教学过程分为课前PBL在线预习、PBL课堂教学和课后PBL在线复习三个阶段。在课前PBL在线预习阶段,教师设计问题导学,制作学习清单,上传学习资料,整理学生在学习清单中面临的主要问题;学生观看视频,完成学习清单。在 PBL 课堂教学阶段,在教室中开展教学活动,包括情境创设、讲授新知、合作探究、巩固训练和课堂小结共五个环节。在课后 PBL 在线复习阶段,学生带着课堂的疑难问题在线复习,教师根据教学难点和学生课堂活动中反映出来的问题录制成微课,上传到 QQ 群。第三,教学评价分为对课堂教学的评价和对学期教学的评价两个方面。

3. 英语课程混合式学习

1) 国外英语课程混合式学习的研究

Rahimi et al.(2011)对英语作为外语 EFL(English as a Foreign Language)的线上和线下阅读理解做了纵向研究,发现伊朗的英语学习者通过阅读线上带有链接的文本,促进了阅读能力的提高。

Larsen(2012)研究混合式学习应用于英语作为第二语言 ESL(English as a Second Language)的写作课程,发现混合式学习会影响学生对写作课程的观念,让学生更加独立自主,更易集中精力学习,并且对自己的学习更负责。

Neumeier(2005)提出用于语言教学的混合式学习环境设计的 6 个考虑因素。第一个因素是模式,需要考虑 3 个小点:聚焦模式、模式的分配和模式的选择。第二个因素是整合模型,需考虑两个方面:模式使用的顺序和整合的水平。第三个因素为学习内容、学习目标和目的性作业之间的分配,需区分是平行的还是单独的。第四个因素为语言教学方法,教师可以采用交际语言学习法、群体语言学习法、任务型学习法和问题型学习法等。第五个因素为学习主体的参与,细分为 3 点:交互方式、教师和学生角色的多样性和学习者自治水平。第六个因素是地点,混合式学习需要提供给学习者已经熟悉的或者是会变得熟悉的地点。

2) 国内英语课程混合式学习的研究

国内有较多基础英语混合式学习的研究,其中以大学英语混合式学习居多。吴君(2019)提出利用微信公众号开展大学英语的混合式学习,以社会文化理论和远程教育交互理论为指导,增强课前、课中和课后三阶段的交互。课前预习阶段:教师在微信平台发布消息,布置预习任务,提供学习资料;学生自主学习或者小组协作学习,搜索资料,参与班级群聊或者小组群聊,分享资料,带着问题进课堂。面对面课堂教学阶段:教师检查预习情况,点评微信群讨论,解决难点,引导学生深入思考,拓展主题,布置练习题;学生参加面对面讨论,做练习;教师在课堂上不耗时讲解语法和词汇,而是将相关内容整合到微信平台,并把课堂内容重点总结,课后也上传至平台;学生课堂上可以通过微信了解语法和词汇相关知识,上传课堂练习,互学互评。课外拓展阶段:教师推送消息,布置拓展活动,提供学习资料;学生自主学习,自行查找资料,微信群分享。整个过程强调了操作交互与概念交互。操作交互是通过微信平台一对一、一对多、多对多的交互。概念交互指在频繁的操作交互过程中,学生通过信息交流产生高级别的思维活动,这对语言习得起到关键性作用。

史天化(2021)研究了借助雨课堂平台对大学二年级英语专业学生进行的英语阅读课教学。雨课堂是教育部在线教育研究中心的研究成果,它能提供与学生水平相适应的阅读资源更新服务。研究者提出了"双视角四阶段"模式。"双视角"指教师视角和学生视角,"四阶段"指前端分析、雨课堂平台自主学习、网络个性化学习和面对面课堂。第一阶段,前端分析:雨课堂平台依据大数据分析学习者特征;教师基于数据分析设计活动,推荐个性化的学习资源;学生明确学习需求、学习任务以及适应自身的学习资源。第二阶段,雨课堂平台自主学习:教师设计情境、支架和概念框架;学生独立在概念框架的某个节点探索,自主学习,反馈学习成效,只有学到达标才能进入下一个阶段。第三阶段,网络个性化学习:教师推送学习资源,根据学习记录进行诊断,提供支持;学生独立思考,将感悟在组内或者全班分享,然后小组协作完成任务,分享成果。第四阶段,面对面课堂:教师设计面对面的协作探究活动,集中讲解答疑,给予评价;学生在面对面的探究活动中与教师、同学交流,经过教师指导学会解决问题的方法;课后平台整合数据,建立学生个人档案,供教师和学生随时查看。

肖世荣(2020)研究了在小学六年级英语阅读教学中应用混合式学习模式。学习过程与资源设计涵盖三个阶段:课前预热、课堂教学、课后巩固与交流。第一阶段,课前预热:教师下发课前任务单,提供阅读文本音频;学生线上自主学习,预测任务单上问题的答案,并提出自己的问题。第二阶段,课堂教学:教师播放视频,引出主题;然后小组讨论任务单中有争论的问题,解决问题和疑惑,必要时可求助教师;之后,教师梳理文本主线和结构,鼓励学生用英语概括文本内容;接着,教师播放拓展视频,小组讨论,分享成果,小组互评,学生自评,教师点评;最后,教师总结,布置作业。第三个阶段,课后巩固与交流:学生线下完成作业,知识掌握情况通过测试以及家长反馈体现;学习评价将形成性评价与总结性评价结合。

游小蓉(2012)研究了混合式学习在中职英语写作教学中的应用。第一,课前阶段:教师布置任务,学生网上查找相关写作格式,并搜索与主题有关的图片或者视频。第二,课堂阶段:未上课前播放轻音乐,开始上课时,用语言导入话题;然后,小组进行一系列图片判断的活动;接着,播放与主题相关的搞笑视频,抛出问题,展开讨论;之后,呈现写作任务,并以问题形式引导学生构思文章结构,组织学生讨论,回答这些问题;接下来,给予充分的时间让学生独立完成写作;紧接着,两两交换作文,按照评价标准做互评;随后,教师讲评,强调写作格式,并挑选班级较好的作文进行投影,全班评价,进行纠正训练,再呈现范文;最后,小组互评,总结重点,布置完善作文的课后作业。第三,课后阶段:教师上传课堂课件和课堂使用的教学资源到学校数字化资源网的主页;通过网上交流空间主动询问课堂表现不佳或者基础薄弱的学生,并给予网上助学;组织学生网上自评和小组互评;学生展示优秀作文;教师做课后教学反思。

国内研究专业英语课程混合式学习较基础英语要少得多。李颖(2019)在多年讲授高职旅游综合英语课程的过程中,构建了多维混合式学习模式,即将学习主体、动力、方式、活动和评价体系等多个维度进行混合构建。该模式的核心学习共同体,采用了互助分组、组长轮换和并周期小组重新组合的模式。教学活动创设职场情境,如景点介绍,组内 1 名导游,3 名游客,游客提问,导游讲解,然后组内轮换。教师给予学习资料,学生也可以上网查询更多资料。教师课堂上教授导游必备的词汇和句型,学生按照分组就座,运用相关词汇和句型完成导游活动。小组活动汇报通过微信群交流,教师反馈。在小组活动课外准备过程中,学生可以通过微信私聊相互沟通或寻求教师帮助。课堂上展示评价时,模拟真实工作场景,要求学生穿正装,佩戴扩音器。为确保每个学生对小组活动都有贡献,教师在对小组展示评价的基础上,提问每位组员,并给予评价。对于表现优秀的学生,除分数奖励外,还推荐到学校,做来访团的陪同导游,以调动学生的积极性。

任贤(2021)研究了翻转课堂教学模式应用于汽车专业的英语课程教学。整个学习过程分为课前预习、课中展示和课后巩固 3 个阶段,任务描述、知识准备、任务实施、自我评价、知识拓展和完成作业 6 个环节。学习任务以项目为依托开展分组活动。课前,线上完成汽车专业英语词汇和简单的描述操作方法。课中,在实训中心以小组为单位模拟真实工作岗位展开交流,随后派代表作小组汇报,解决疑难问题,让学生理解并掌握语法和词汇。课后,学习要求分层,基本要求需巩固复习,提高要求为知识拓展。

张海芸(2018)对中职商务英语写作课程采用混合式学习模式做了探索。她将混合式学习分成 4 个阶段:课前写前导学、课内范文研读、课内仿写修订和课后写后延伸。课前写前导学阶段通过学生线上自主学习实现初步感知,包括观微课学新知、玩游戏学新词和脑力激荡词云图等活动。课内范文研读阶段线上线下结合达到让学生深化理解的目的,包括开展补全范文、以图学文、句型迁移和信息化背诵活动。课内仿写修订阶段线上线下结合让学生巩固强化所学,活动包括任务驱动、以图代写、初稿互改和分享作品。课后写后延伸阶段仍然线上线下结合实现拓展迁移,利用校企合作跨境电商的实训项目,引入真实案例,扩大语言输入量和输出量,提升学生语用能力,实际工作任务成果作为课程考核内容。

1.3.2 问题分析

国内外学者早在21世纪初就开始对混合式学习开展研究,至今已有20余年。关于混合式学习的国内外文献资料也较为丰富,涉及各个方面,促进了混合式学习理论的发展,推动了混合式学习的应用研究。但是,在中等职业教育领域的混合式学习研究偏少,对中等职业专业英语课程的混合式学习研究更具有很大的局限性,亟待解决以下问题:

1. 哪些理论是中职专业英语课程混合式学习的理论基础

对于混合式学习模式的理论基础,学术界说法不一,其中最多认同的是建构主义理论,其他的理论都较为分散,如行为主义理论、认知主义理论、情境学习理论、掌握学习理论、深度学习理论、首要教学理论、主动学习理论、联结主义心理学理论、电子时代的联通主义理论、社会文化理论、远程教育交互理论以及图式理论等。

这些理论确实都挖掘出混合式学习模式的各种特性,在各自的研究领域成为混合式学习的理论基础。如在之前提到的代表性文献中,肖世荣(2020)研究的是小学生的混合式英语阅读教学,他针对小学六年级学生的学习特点,选用建构主义学习理论和图式理论作为混合式学习的理论基础。吴君(2019)研究的是大学英语的混合式学习,侧重混合式学习过程中的交互性,提出了操作交互和概念交互,因此把社会文化理论和远程教育交互理论作为研究的理论基础。

那么,究竟哪些是支撑中职专业英语课程混合式学习的主要理论呢?从目前文献资料来看,尚没有明确的说法,因此,有必要根据中职教育特点以及中职专业英语课程的特点寻找相应的理论。

2. 中职专业英语这一类课程与混合式学习之间是否有需求与支持的关系

在研究课程实施混合式学习一类的文献资料中,通常会指出特定课程目前教学中存在的诸多不足之处,并提出混合式学习是解决问题的有效途径,但是没有强调课程教学的需求与混合式学习对课程的支持两者之间的关系。

从文献查询结果看,没有找到将中职专业英语作为一类课程研究的相关文献,仅有对单一课程的研究。事实上,各类中职专业英语课程教学存在普遍性问题。因此,需要补充混合式学习对中职专业英语这类课程教学的普适性研究，探究这类课程教学的普遍需求与混合式学习所能提供支持之间的关系。

3. 如何构建单元教学的混合式学习模式

纵观国内外文献对混合式学习模式的研究，大致可以分为以下 3 类。

第一类为布局模式。最为典型的是 Staker et al.（2012）按照混合式学习的形式分成 4 种模式，其中转换模式又细分为 4 种模式。所有的模式图都是用人、计算机在不同场所的布局来说明。

第二类为流程模式。这类模式最为普遍，可以细分为 3 种。第一种从教师角度出发，如张细呈（2017）将混合式学习模式分为前端分析、学习活动与资源设计以及教学评价设计 3 个阶段。第二种按照教学过程，如任贤（2021）将混合式学习模式分为课前、课中和课后 3 个阶段，有的模式还分列教师任务和学生任务。第三种将以上两种叠加，如肖世荣（2020）将混合式学习模式纵向分为前端分析、学习过程与资源设计以及学习评价 3 个部分，在学习过程与资源设计部分横向分为课前、课堂和课后 3 个阶段。

第三类为程序模式。如王倩（2016）从开始学习一步步按照程序指令往下走，到是否选择小组出现分路，选择"是"就进入小组协作学习，选择"否"就进入自我学习，在线下活动处两条分路合并，再继续按指令往下走，到是否完成学习目标处又分岔，选择"是"就进入下一目标学习，选择"否"就结束本次学习，并获取下次活动提醒。

混合式学习模式的各类研究涵盖了教师和学生物理空间的转移以及完整的教学流程或者学习程序。但是，布局模式是整个课程的形式，没有具体到教学活动设计。程序模式有基本的学习活动形式和评价形式，但也没有具体的教学活动设计。流程模式有具体的教学活动设计和教学评价设计，但仅限对一节课的混合式学习模式研究，而没有对单元教学的模式研究。所以，需要从单元的整体角度，研究如何构建混合式学习模式。

4. 单元教学的混合式学习模式效果如何

国内外文献中有对混合式学习模式开展实践研究，并分析应用效果。但是由于目前的文献没有关于单元教学的混合式学习模式的研究，因此有必要对构建的单元教学混合式模式的效果进行检验。

1.4 本书研究内容

本书共分 8 章,各章内容如下(图 1-1)。

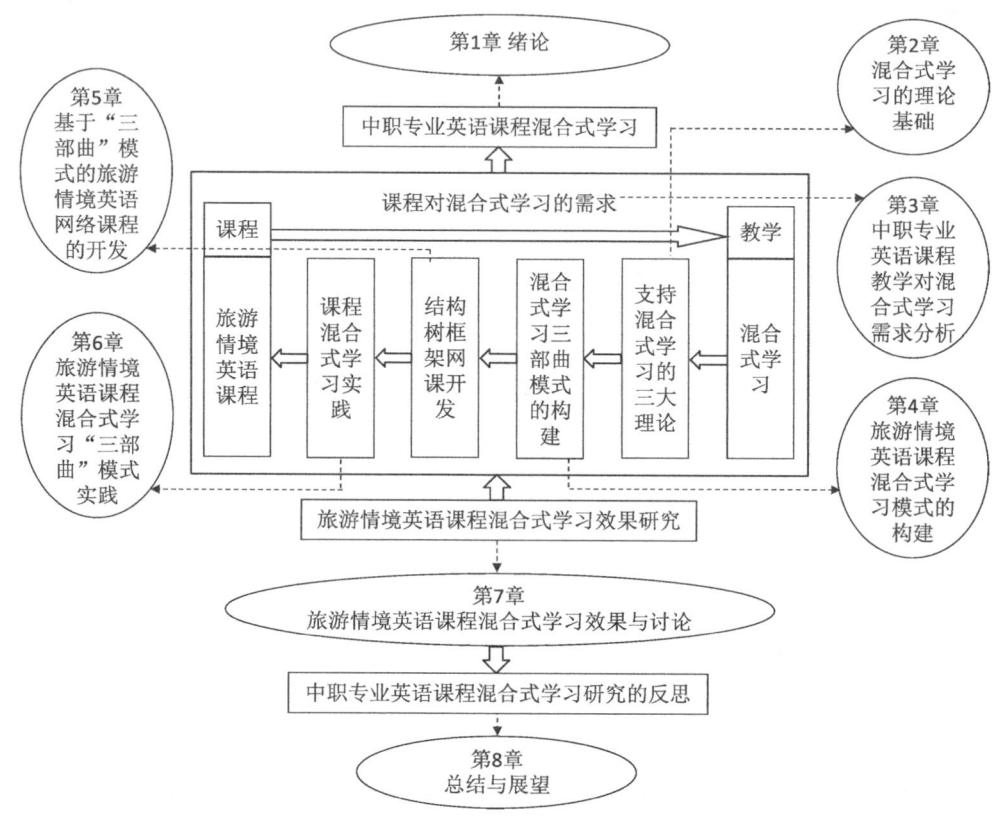

图 1-1 本书总体结构

第 1 章:在阐明了本书的研究背景和研究意义的基础上,梳理国内外文献,并对文献中尚未涉及的问题进行分析,列出本书的研究内容,说明研究思路和研究方法,给出研究的总体结构。

第 2 章:研究建立中职专业英语课程混合式学习理论框架,论证将建构主义学习理论、多元智能学习理论以及学习金字塔理论作为理论基础。

第 3 章:研究分析中职专业英语课程中较为普遍的教学现状,提出创新教学需求,并分析混合式学习的特点,阐述其对中职专业英语课程教学的支持,由此,提出中职专业英语课程混合式学习的整体框架。

第 4 章:研究在中职专业英语课程混合式学习的整体框架下,以中职旅游情境英语课程为对象,建立中职旅游情境英语课程混合式学习"三部曲"模式,具体阐释学生特征、学习目标、学习环境、学习活动、学习评价5个构成要素。

第5章:研究基于中职旅游情境英语课程混合式学习"三部曲"模式,开发旅游情境英语网络课程。设计网络课程内容结构树框架,设计网络课程单元学习资源(具体为对预习新知、强化重点、操作重点三个阶段的设计),设定网络课程学习评价体系。

第6章:研究中职旅游情境英语课程混合式学习"三部曲"模式下的课程教学实践。明确实践对象,开展混合式学习活动的设计与实施研究,分别对预习新知、强化重点、操作重点三阶段展开单元混合式学习研究,阐释课程两轮完整的混合式学习实践的研究过程。

第7章:研究中职旅游情境英语课程混合式学习效果,分析课程实施混合式学习"三部曲"模式对学生学业表现的影响,并分析学习态度和课程满意度问卷调查的结果,依据数据分析的结果,对课程混合式学习的成效开展讨论研究。

第8章:总结本书的研究成果,提出研究存在的不足之处,对后续中职专业英语课程混合式学习研究予以展望。

第 2 章　混合式学习的理论基础

随着信息技术的不断突破,信息技术所触及的各个领域进入了"互联网＋"的改革创新时代。教育领域也不例外,教育信息化成为教育改革的热点。世界先进国家推出多种互联网教学新模式,我国各级各类院校也如火如荼地进行信息化课程改革。学术界"翻转课堂""慕课""微课""数字化教学""网络学习""智慧课堂"等名词层出不穷。在大浪淘沙中,"混合式学习"备受关注。

2.1　中职专业英语课程混合式学习理论框架

在阐释中职专业英语课程混合式学习理论框架之前,有必要对中职专业英语课程这一概念加以说明。中职专业英语课程是指一类课程,而非一门课程。该类课程教授的对象是接受中等职业教育的在籍学生,而不是接受非学历职业培训的社会人员。中职专业英语课程有别于中职英语课程。中职英语课程属于公共基础课的范畴,也可以称之为中职基础英语课程。而中职专业英语课程从属于专业教学课程,是中等职业教育专门用途英语课程。

混合式学习指应用信息技术、教育技术和多种教学方法,将网络学习与面授课堂学习有机结合,形成优势互补,既发挥教师的引导、启发和监控教学过程的主导作用,又充分体现学生的能动性、积极性和创造性的学习方式。为突出"以学生为主体",培养学生自主学习能力,将"教学"变成"学习","混合式学习"从根本上转变理念,实现知识和技能的建构。

中职专业英语课程混合式学习理论框架(图 2-1)从形式上分为网络学习和面授课

堂学习,具有3个主要特征:自主性、个性化、互动性。

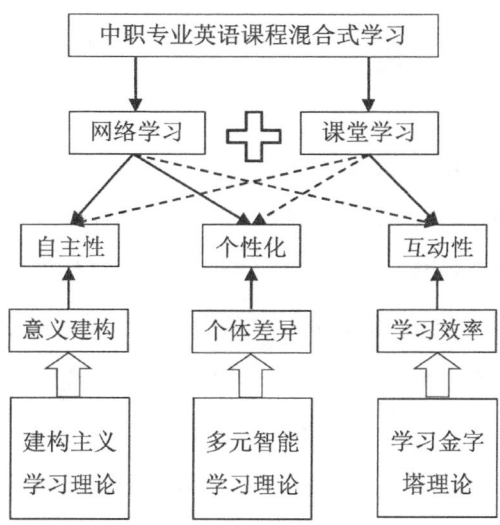

图2-1 中职专业英语课程混合式学习理论框架

网络学习和面授课堂学习分别体现3个主要特征的强弱有所不同。

第一,自主性是指行为主体按照自己的意愿行事的动机、能力或特性。自主性学习是相对于"被动性学习""机械性学习"和"他主性学习"而言的。自主性学习指学生能够确定自己的学习目标,对于自己的学习进程能够自我调节,自我检查学习的掌握情况,自我反思学习结果,并能采取必要的措施进行补救。网络学习以自主学习为主,用实线表示,面授课堂学习有小部分的自主学习时间,用虚线表示。

第二,个性化是指具有个体特性的需求和服务,与"大众化"相对应。个性化学习根据个体的特点提供学习服务,能尊重个体差异,因材施教,而不是像生产流水线那样产出标准化的产品。网络学习能凸显个性化特征,在面授课堂中学生能适当获得个性化指导。

第三,互动性指社会交往活动中,个体间互相作用、互相影响的特性。互动性学习指个体在学习活动中与外界的其他个体、群体和物体进行信息交流,从而对个体的学习者产生影响。面授课堂的互动活动充分体现互动性,网络学习也有适时的互动交流。

自主性、个性化和互动性三个中职专业英语课程混合式学习的主要特征分别与三大理论的核心思想,即建构主义学习理论的意义建构、多元智能学习理论的个体差异以及学习金字塔理论的学习效率相对应。

2.2 建构主义学习理论

1. 建构主义学习理论的核心思想

建构主义学习理论是由建构主义理论（Constructivism）发展而来的。建构主义理论源自关于儿童认知发展的理论，最早由瑞士的Piaget（1972）提出，他认为儿童是在不断地"同化"吸收外部环境的信息和"顺应"修改已有的认知过程中发展认知的。Vygotsky（1978）提出"最近发展区"理论。他认为，让儿童在他自身的"最近发展区"发展，才能促使儿童达到高一级的发展水平。因此，教师的作用不容忽视，教师要能识别学生的"最近发展区"，然后提供必要的学习支架，帮助学生从自身原有的发展水平提升到新的更高发展水平。

建构主义学习理论把学习看作一种意义建构的过程，在应用建构主义学习理论时，有几个关键点需要把握好。首先，学生原有的知识和技能基础不仅学生自身需要了解清楚，教师也务必知晓。学生要建构新知是靠他自己不断地感悟、体验，最终内化到他头脑的认知结构中的，绝不是靠他人灌输到他头脑里的，也就是说，只有自主学习、主动学习，才可能掌握新知。其次，自主学习不等同于孤立学习，学生需要教师或者同伴的帮助，需要学习资源给予支架，需要有一个学习环境去感知、体验学习资源承载的意义，理解来自他人帮助的内涵。最后，关键点就是找准"最近发展区"，不能好高骛远，如果超出了学生自身的"最近发展区"，无论需要认知的新事物有多么好，学生仍然无法消化、吸收，不可能达到新的发展水平。反之，如果停留在学生现有的水平，甚至低于现有的水平，同样也不在学生的"最近发展区"内，就无法激发学生的学习兴趣，也不可能提高他的发展水平。

2. 建构主义学习理论对语言教学的贡献

Suhendi（2018）认为，在外语教学FLT（Foreign Language Teaching）中应用好建构主义学习理论需要把握几条重要的原则：语言教学以行动为导向的原则，以学生为中心的学习原则，内容导向的整体语言体验原则，学生的好奇心原则。

Alseweed（2013）列举了3个教学案例，表明通过教学反思，优化教学，使学生更能以建构主义学习理论建构自己的语言知识，提高语言技能。案例一，听力教学从语音室转移到了嘈杂的教室环境，说明听力学习需要创造更接近真实的环境，使学生在自然的外部环境下通过感知语言,建构知识和技能。案例二,大班写作课将自我查找替代逐个或者随机批阅,使错误的修正依靠学生自主学习、自己体会。案例三,本土化练习帮助知识水平较弱的学生真正学习,找对学生的"最近发展区"。

3. 建构主义学习理论支持中职专业英语课程混合式学习

建构主义学习理论,历经了许许多多研究者的探究和延伸,发展出各种各样的观点来促进学习者学习,但归根结底都在强调学生是学习的主体,任何手段和方法都是为了使学习主体带着已有的知识和经验去获取外部信息,建构知识的意义。中职专业英语课程教学要求学生获取的外部信息是专业英语的知识和技能,学生建构知识的意义就是内化知识,外显为提升该专业的英语语言综合能力。

中职专业英语课程混合式学习为达成让学生提升相关专业的英语语言综合能力这一教学目的,强调以自主性学习为核心。网络学习就是以学生自主学习为主,获取学习资源的信息,建构新知。在面授课堂学习中,虽纯粹的自主学习占比重较小,但是通过与群体交流,体验感悟,学生能自主建构新知。中职专业英语课程混合式学习过程中,学生获得更多自主学习的时间和空间,教师组织的网络和课堂的学习活动都是力图通过外界环境多重的刺激让学习主体自己学会学习,自己感知外界信息,自己建构新知,从而提高自己的发展水平,也就是促使学习者学会自主性学习,这正是中职专业英语课程混合式学习的核心所在。由此可见,建构主义学习理论认为学习是由学习者自主建构知识的观点,正好支持了中职专业英语课程混合式学习的核心特点——自主性学习。

2.3 多元智能学习理论

1. 多元智能学习理论的核心思想

多元智能理论(Theory of Multiple Intelligences)又叫多元智力理论,由 Gardner(1983)提出,他认为人的智能是多元的(图2-2)。1983年,他提出每个人都有 7 种智能:言语—语言智能、逻辑—数理智能、视觉—空间智能、身体—动觉智能、音乐—节奏智能、交往—交流智能和自知—自省智能。1996年,他又提出

图 2-2　多元智能理论分类图

第八种智能,即自然观察智能。他把智能定义为一种解决问题或者制作产品的能力,且这些问题或者产品在一个或者多个文化环境内被认为是有价值的。

多元智能学习理论是多元智能理论在教育领域的发展。虽然8种智能在结构上彼此分离,但是独立运作的情况非常罕见。准确地说,当个体发展技能或者解决问题时,这些智能同时被使用,并且通常情况下是相互补充的。

2. 多元智能学习理论对语言教学的贡献

杜欢(2016)回顾了我国研究多元智能理论在英语教学中应用的发展历程。它起步于2001年,最早的研究对象是中小学生和少儿,其中主要研究中学的英语课堂,然后逐渐扩展到大学的英语教学以及中高职学校的英语课堂。研究内容从最初的思考英语教学整体改革方面到探索具体的英语课堂教学方式、教学评价,还包括提升教师素质的改革。

马建桂和张敬品(2010)将多元智能理论应用于大学英语教学,提出应该对大学英语任课教师和学生进行调研,了解每个人的智能结构;根据调研结果,遵循因材施教的原则,设定教学目标,调整教学内容,选择教学方法以及评价方式;主张教师要擅长利用学生的强项智能激发学生的求知欲,用学生的强项智能带动培养学生的英语语言综合应用能力,还应促进弱项智能的发展。

韩建全(2010)提出多元智能理论应用于转化英语学困生。他认为,根据多元智能理论,每个人都有优于他人的智能,英语学困生一定也有自己傲人的智能。作为教师要善于挖掘英语学习薄弱学生的优势智能,帮助这些学生树立自信心,找准切入点帮助他们学习英语,使他们的强项智能发挥正迁移作用。同时,教师也应该发挥自身的强项智能,为英语学困生发挥他们的优势智能起好示范作用。

张宇和沈向阳(2005)研究在英语阅读教学中如何运用多元智能理论。首先,他们用多元智能量表检测每个学生的智能情况;然后将学生按照不同优势智能同质分组,形成言语—语言智能强项组、逻辑—数理智能强项组、视觉—空间智能强项组。在阅读课的课前、课中和课后三个阶段设计各小组擅长的活动:对于同一篇阅读文章,言语—语言智能强项组的任务是口头概述阅读文章,逻辑—数理智能强项组需要完成理清全文脉络的任务,视觉—空间智能强项组要用结构图来呈现文章信息。虽然活动形式和要求不同,但是一致的目的是理解阅读篇章。

于广(2008)根据多元智能学习理论提出,在大学英语教学中采用"235多元评价体系",即总评成绩由英语口语成绩(20%)、平时成绩(30%)和卷面成绩(50%)三部分组成。这三个考核大项下再设子考核项目,按子项目考核的性质采用不同的评价方式,如自评、互评和师评,做到将定性评价与定量评价相结合。

3. 多元智能学习理论支持中职专业英语课程混合式学习

多元智能学习理论指导教师更好地了解学生,理解学生之间差异的原因。因为每个学生都拥有基本智能,只是程度不同。个体间的智能差异是由于八大智能之间不同的组合所表现出来的结果。在中等职业学校,班级之间甚至同一个班级里,学生的英语水平往往相差很大。多元智能学习理论能帮助教师根据学生个体智能的差异设计适合他们的学习内容和学习活动。教师组织小组协作活动时,可以异质分组,使具有不同智能强项的组员发挥各自作用。

中职专业英语课程混合式学习的特点之一就是个性化。例如,在网络课程学习时,学生可以完全按照自己的学习步调学习,如果没有听清楚微课视频的内容,可以反复回看关键的片段,如果一遍就听懂微课内容,可以直接进入下一个任务。学生的学习时间也可以是自由的,只要在截止时间前,任何时间都可以学习。只要不违反规定,在任何地方都可以。学习工具同样如此,学生可以选择个人电脑、手机 App 或平板电脑来上网学习。对于学习中碰到的问题,只要网上留下提问信息,总会得到教师反馈指导。对于学有余力的学生,可以学习教师提供的拓展资料,或者在教师指导下学习网上相关资料。学习有困难的学生,可以反复学习教师课堂 PPT 和教师课后总结的学习要点。面授课堂学习与传统课堂相比,学生拥有更多的选择权,在完成同一任务时,可以个性化地选择适合自己的方式。综上可见,在多元智能学习理论的指导下,教师读懂学生,尊重个体差异,并向学生提供个性化学习环境,这使中职专业英语课程混合式学习能发挥好个性化学习的特点。

2.4 学习金字塔理论

1. 学习金字塔理论的核心思想

Uyên et al.(2016)认为,学习金字塔理论(Pyramid of Learning)是由美国国家训练实验室 NTL(National Traning Laboratories)(1960s)提出的研究应用行为的科学。该研究发现,在初次通过不同方式学习语言的两周后,学习内容的平均留存率不同(图2-3),从塔尖到塔底依次为:听讲 5%,阅读 10%,视听 20%,观看他人演示 30%,讨论

50%,参与实践75%,教授他人或者立即使用90%。留存率在50%以下的属于被动学习,在50%以上属于主动学习。尽管这些比例在不同的书中会有微小的差异,也有学者对这些比例有争议,但是学习金字塔理论有助于启示教师选择合适的学习方式来帮助学生提高学习英语的内容留存率。

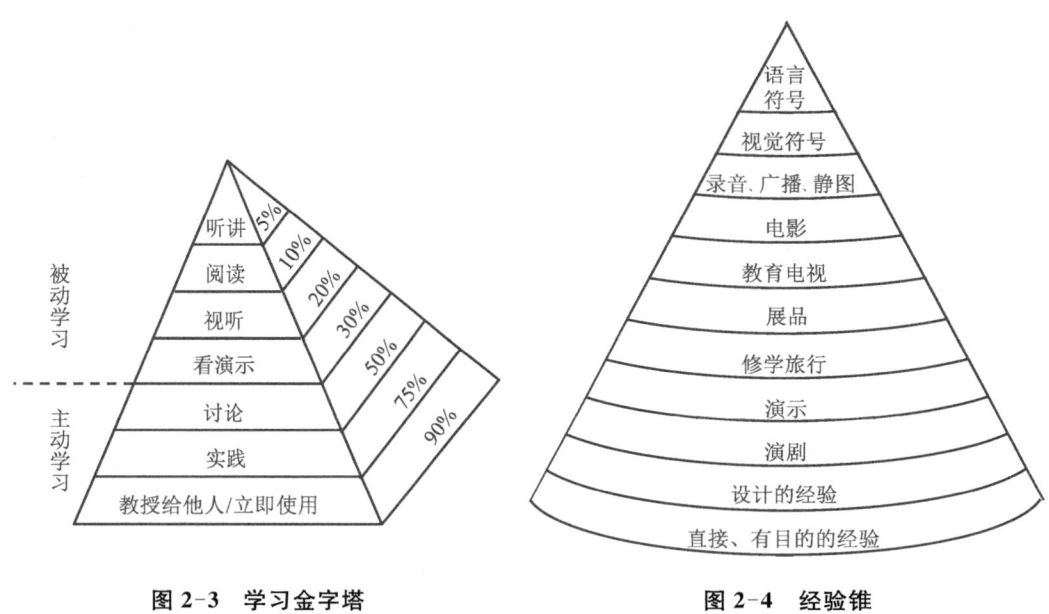

图 2-3　学习金字塔　　　　　　图 2-4　经验锥

学习金字塔源于Dale(1946)提出的经验锥(Cone of Experience)。Dale将学习经验进行分类(图2-4),锥底是最具体的学习经验,锥尖是最抽象的学习经验。椎体共11层,可以分为三类学习经验。第一类为通过实际参与而获得的学习经验,包括直接、有目的的经验,设计的经验和演剧的经验。第二类为通过观察获得的学习经验,从下到上依次是演示、修学旅行、展品、教育电视、电影、录音、广播、静态图片。第三类为通过符号获得的学习经验,包括视觉符号和最抽象的语言符号。

2. 学习金字塔理论对语言教学的贡献

Uyên et al.(2016)提出采用学习金字塔底部"教授给他人"的方法,来帮助学生提高对英语词汇的记忆力。他把学生两两配对,轮流教对方词汇,每周教5个单词,每次花费5~7分钟,每个单词需按照一定的步骤教授。学生教授的任务包括介绍单词、单词发音、用英语或者其母语讲出单词的意思、说一句含有该词的句子、问同伴一个含有该词的问题等。学习者的任务是跟着学生老师重复,用该词回答学生老师的问题。结果证明,同伴互教有助于词汇记忆。

张文文(2020)研究在小学英语教学中如何应用学习金字塔理论。如,他选择学习金字塔中留存率达到50%的"讨论"方法,由教师提出问题,学生经过小组讨论来回答老师的提问;或以小组为单位演情景剧,规定学生必须要用到该课所学的句型。又如,用"教授给他人"的方式,让学生当小老师,帮助没有听懂的学生再学习,也反过来帮助讲课的学生在讲课时进一步理清思路;请几个小老师在订正试卷和作业时先讲解题目,然后老师补充等。

陈雪(2018)研究在高中英语词汇教学中如何应用学习金字塔理论。在学习金字塔理论指导下,可开展四种类型的高中英语词汇教学活动。第一类语音教学,用视听模仿、实践演练、个人或者小组做竞赛游戏的方式,使学生能准确发音,流畅朗读文本,同时也能在反复训练过程中记住词汇的意思和拼写。第二类词汇构词教学,采用听讲、小组讨论和实践展示的方式。第三类词汇归类教学,采用自主学习、个人展示、教授他人、写作、小组讨论和展示成果形式。第四类英语文化导入学习,采用视听、讨论、小组合作和小组竞猜的教学方式。

3. 学习金字塔理论支持中职专业英语课程混合式学习

在学习金字塔理论提出的七种学习方式中,听讲、阅读、视听和看演示等方式都属于单向信息传递,而讨论、实践和教授他人/立即使用等方式是双向或者多向信息传递。单向信息传递不是互动,只有双向或者多向信息传递才是互动。学习金字塔理论把塔上层的四种学习方式归为被动学习,塔底层的三种方式归为主动学习。这说明单向信息传递是被动学习,因此记忆留存率偏低,只有5%～30%。与此相反,双向或者多向信息传递是主动学习,记忆留存率高得多,可以达到50%～90%。互动学习有助于保持更长久的记忆力,使学习更高效。学习金字塔理论的核心思想是不同的学习方式带来的学习效率不同,这一核心思想为教师在教学设计上提供了指引,学习活动需要进行更多的互动设计以帮助学生主动学习,更好地记住知识点和技能点。

专业英语教学以能与世界交流为目的,培养学生专业英语口语和专业英语书面语能力。语言交流是个体无法单独完成,而必须通过互动才能达成的行为。中职专业英语课程混合式学习注重互动教学,提供多重互动的方式。在面授课堂,学习者可以与同桌或邻桌两两互动,与小组成员在协作活动中互动,与全班讨论互动,与老师问答互动。除此以外,学习者还可以与计算机交互。学习者不仅在面授课堂互动交流,而且在网络平台上与同学、老师和机器实现同步或者异步互动。中职专业英语课程混合式学习通过大量的互动,向学习者提供更多的专业英语操练机会,提高专业英语表达的准确度和流利度。同时,在互动活动中,学生获得更多的信息交流机会,能促进思维能力和处理信息能力的提高,使他们更善于多角度地去分析问题和解决问题。不仅如此，互动活动还培养了学习者人际交往的能力。因此，互动性学习是中职专业英语课程混合式学习的一大特点，学习金字塔理论是中职专业英语课程混合式学习中互动性学习活动的理论支撑。

第 3 章　中职专业英语课程混合式学习需求分析

美国 21 世纪技能伙伴组织（2009a）提出 21 世纪人才应具备三类技能：学习与革新技能（创造和革新、批判性思维和问题解决、交流和协作）、信息、媒介和技术技能（信息素养、媒介素养、信息与通信技术素养）以及生活和职业技能（灵活性和适应性、主动性和自我指导、社交和跨文化技能、生产力和后果担责、领导力和职责）。为了培养出 21 世纪的人才，我们需要更好的教学方法。

3.1　中职专业英语课程研究现状分析

目前，我国开设的中职专业英语课程类型主要有商务类、导游类、酒店类、医学类、汽车类和计算机类等。由于专业类别不同，各类中职专业英语课程教学情况以及遇到的问题也不尽相同，具体将通过文献研究对上述六类我国中职专业英语课程教学情况做调查。搜索中国知网，截至 2021 年 9 月，我国中职专业英语课程中主要的六类专业相关文献数统计如表 3-1 所示。

表 3-1　我国中职专业英语课程相关文献篇数统计

单位：篇

	商务类	酒店类	导游类	医学类	汽车类	计算机类
文献篇数	500	216	180	138	64	50

我国中职商务类专业英语课程的相关文献数量最多，共 500 篇。位居第二的是酒店类共 216 篇，包括中职酒店英语课程文献 128 篇、中职饭店英语文献 31 篇、中职烹

饪英语文献 57 篇。第三是导游类共 180 篇,直接以中职导游英语课程命名的文献不多,仅 20 篇,但中职旅游英语课程相关文献有 160 篇。第四为医学类共 138 篇,有中职医学英语课程文献 18 篇、中职护理英语课程文献 120 篇。第五为汽车类共 64 篇,分为中职汽车专业英语课程文献 45 篇和中职汽修专业英语课程文献 19 篇。第六为计算机类共 50 篇,由中职计算机专业英语课程文献 40 篇和中职电子信息专业英语课程文献 10 篇组成。

3.1.1 中职专业英语现有问题分析

1. 中职商务类专业英语课程

中职商务类专业英语课程主要为中职商务英语写作课程和中职商务英语听说课程。樊伽利(2018)认为目前商务英语专业课程教学存在几个问题:①任课教师行业经验不足,不了解企业发展状况,且任课教师都是公共英语教师,对专业术语掌握不到位,他们仍然按照应试教育的方式教授专业课程,致使学生实际应用能力欠缺。②中职商务英语课程的教材落后,还停留在传统外贸交易模式,跨境电商课程较少。③学生学习英语的兴趣不高,商务英语专业知识和专业术语多而抽象,学生记忆负担重,容易缺乏自信心。课堂以听讲为主,被动学习,容易缺乏学习的乐趣。

2. 中职酒店类专业英语课程

中职酒店类专业英语课程主要有中职饭店专业英语课程、中职酒店专业英语课程、中职烹饪专业英语课程和中职西餐烹饪专业英语课程。张李(2020)认为中职烹饪专业英语课程现状为:①学生英语底子薄,对学习英语有抵触心理,认为学习烹饪技艺才是主要任务。教师也没有认识到中职烹饪专业英语的重要性。②学生生源层次相差大,很难选择适合的教材。目前烹饪专业实用教材难度太大,专业词汇和语种较多,对学生和教师都构成挑战。③教师缺乏专业知识,无法将英语教学和专业教学两者融合。

3. 中职导游类专业英语课程

中职导游类专业英语课程主要有中职导游服务专业英语课程和中职旅游英语口语课程。李春花(2019)总结了中职旅游英语口语课程存在的问题:①学生没有服务"三农"意识,不愿意留在农村。②学生基础薄弱,主动性差,未理解景观的文化内涵,导致英语解说词不达意、不流畅。③学生缺乏自信,不敢看听众,经常紧张忘词,且声音过轻,毫无感染力。④学生死记硬背导游词,讲解没有新意。

4. 中职医学类专业英语课程

中职医学类专业英语课程主要开设中职涉外护理专业英语课程和中职医护英语课程。黄庆华(2021)认为目前中职护理专业英语教学情况为：①有的地区没有使用护理英语教材，还是沿用通用英语教材，与专业无关。有的地区使用医护英语教材，但是因为是大学英语改编教材或者直接给出国护理员培训用的教材，内容偏难。②学生问卷调查结果表明学生的英语基础薄弱，但56%的学生重视英语，觉得今后工作中需要用英语；74.2%的学生认为对英语有一定兴趣，但是在这些表示感兴趣的学生中只有32.3%的学生对所教的英语课程感兴趣；95.2%的学生表示英语课会认真听讲，但是自觉性差，预复习和作业都需要监管。③任课教师为公共英语教师，不具有专业知识，教学方法采用听讲模式，以语法、单词和句子为主。

5. 中职汽车类专业英语课程

中职汽车类专业英语课程主要开设中职汽车专业英语课程和中职汽修专业英语课程。任贤(2021)总结出中本贯通班的中职汽车专业英语课程的问题是：①学生动力不足。他们自以为已经拿到本科入学资格，不必再努力了。或者学生心目中把中职汽车专业英语课程看作是一门公共英语课，自认为该技能在将来工作岗位中用不上。②教师在教室中授课，用到了图片、视频，但是没有实物，影响学生的认知。③教师有两类，其中英语教师缺乏专业知识，专业教师英语口语和语法的能力不够。④教材内容范围太窄，只涉及汽车构造与原理的相关英语，实际岗位还需要学习汽车营销、维修、保险以及新能源汽车等方面的英语。

6. 中职计算机类专业英语课程

中职计算机类专业英语课程主要包括中职计算机应用专业英语课程和中职电子信息专业英语课程。李数函(2020)针对电子信息工程专业的330名师生进行调研，发现存在的主要问题为：①学校的课程设置上专业英语课时量太少。②缺乏英语和专业都好的教师，且教学模式以词句、语法、阅读和翻译等理论教学为主。③学生英语基础差，但专业英语词汇长，内容枯燥，造成学生学习困难。

3.1.2 中职专业英语课程的共同问题

根据以上国内文献资料，了解到我国各地多门中职专业英语课程教学现状以及存在的问题，发现有很多共同点。

1. 理论与实践脱节

教学内容与实际应用脱节的问题主要体现在三个方面。首先，教材问题。中职专业英语课程的教材要么没有,然后直接改编大学专业英语教材来用,要么教材内容与时代发展严重脱离。而且教材内容偏理论,不是重实践,难度大,学生难以消化。其次,授课教师问题。从目前情况看,主要是由中职基础英语课的教师来任教中职专业英语课程,教师自身缺乏基本的专业知识,更缺乏具有时代感的专业知识。反过来,教专业课的教师任教,英语口语、语法有所欠缺,归根结蒂就是没有中职专业英语课程的专职教师。再次,教学目标低,要求学生机械记忆,教学以理解课本和记住文本为目的,不关注应用实践。

因为教师不熟悉专业知识,只能照本宣科。教材落伍,教师业务不熟,教材和教师的局限使教学目标的设定偏低,只求理解层面的教学目标使课堂大部分时间被讲解占据,学生没有操练的空间。以上三个方面的问题即教材、教师和教学目标交织在一起,直接导致很难培养出企业所需要的实用型人才。由此可见,中职专业英语课程需要创新教学,以满足企业对人才培养的要求。

2. 学生基础与学习难度不对等

学生英语基础与中职专业英语课程学习难度之间的不对等包含两个方面。一方面指学生本身英语基础薄弱,但是中职专业英语课程有大量的专业术语和长句,学生没有专业实践经验,难以理解,死记硬背记忆负担重,学习中职专业英语课程有困难。另一方面指学生进入中等职业学校时英语水平参差不齐,不同英语基础的学生同在一个课堂,教师很难顾及两头。

纵向上学生英语水平的差异和横向上学生感到困难的专业知识技能都说明中职专业英语课程教学存在没有从学生情况出发,而是一味地赶教学进度,完成教学任务,教学脱离了学生的问题。学生得不到针对自己需求的帮助和指导,长此以往很容易失去学习中职专业英语课程的信心,形成恶性循环。2014 年 6 月,习近平总书记在全国职业教育工作会议上提出"让每个人都有人生出彩的机会。"要达成这一目标,就必须充分考虑学情,尊重个体差异,因材施教。所以,中职专业英语课程需要创新教学,以满足学生个性化学习的要求。

3. 课堂学习兴趣不高

学生对中职专业英语课程的学习兴趣不高且课堂参与度低的主要原因如下:首先,学生觉得学了没有用,所学内容与未来工作无关,而学习专业课的知识和技能显得更实用。其次,教学形式过分单一,教师台上讲,学生台下听,周而复始,学生永远是听众和记录员,学习无趣。再次,中职专业英语课程上课内容只有翻译和背默。而现代信息技术使生活和学习越来越便捷,翻译软件唾手可得。对于背默词汇、课文的要求,只要能背诵,上课听不听也无所谓。

出于这些想法,学生自然对中职专业英语课程的课堂学习不感兴趣。如果学生一直处于被动学习的状态,会直接影响中职专业英语课程教学目标的达成度。因此,中职专业英语课程需要创新教学,来调动学生学习的积极性,提高课堂效率。

3.2 混合式学习对中职专业英语课程教学的支持

混合式学习的优势在于它结合了面授课堂和线上课堂各自的优势。Woodall(2010)对面授课堂和虚拟课堂各自的优势和劣势做出分析,他认为面授课堂的优势在于允许传播未发表的资料,学习者能与同伴、专家在一起参与小组讨论和操练话题也令人感兴趣。传统课堂学习支持那些以教师为中心的学习者以及喜欢亲近人的学习者。面授课堂也为有利于逐渐展开复杂或者难懂的概念和理论讲解。但面授课堂的劣势在于课堂训练是花钱费时的,因为学习者必须到教室所在地,且要求学习者在规定的时间上课。如果课是以讲座形式进行的,那么讨论和互动会减少,教师会把学习者置于被动的角色,他们可能会注意力不集中。而线上课堂的优势在于允许指导者和学习者在同一时间但是不同的地方,也允许指导者事后查看归档的学习活动。涉及的话题可以与现场课堂相类似,只要不是过于复杂或者易引起争论的即可。线上课堂的劣势是在于在大多数情况下,参与者需要先进的智能终端和高速网络连接。并且指导者需要有信息技术技能和充足的学习资源并且致力于使学习活动实现互动,因此这对指导者提出了更高的要求。

Hancock et al.(2012)总结了混合式学习的优势:①混合式学习代表了从被动学习到主动学习的转变。课堂聚焦点从表象形式转换成主动学习。混合式学习将学生置于情境中,推动学生提高阅读、口语、听力和思考的能力。②混合式学习允许学生既有与同伴在一起学习的机会也有自己独立学习的机会。混合式的信息传递系统允许学生以各种方式获取学习资料。与纯粹线上课程学习或者纯粹面授课堂学习相比,混合式学习使学生更容易达到课程学习目标,从而提高考试成绩,增强学习积极性。③混合式学习帮助教师在教学过程中增加更多人与人接触的机会。在互动活动中,教师可创设真实且令人感兴趣的情境。④混合式学习促进教师对个体学生进行指导以及学习者自己可进行个性化学习。⑤教师和学生有更大的互动灵活度以及能更便捷地获得信息。

1. 深度学习解决理论与实践脱节问题

混合式学习使学生的学习不再停留在浅表层。混合式学习并不是传统面授课堂与线上课堂简单的叠加,而是发挥两者优势,提高学习目标的达成度。对于基础层面的知识点和技能点,在混合式学习中安排为线上自主学习,而那些需要经过深入思考后完成一项较为复杂任务的内容安排在面授课堂进行学习。这样就可以把原先讲解基本知识和技能占据的大量时间腾挪出来,重构传统课堂,让学生能在老师面对面指导下,以及在和同伴的思维碰撞中,开展探究性、实践性的学习活动,实现知识内化,培养解决实际问题的能力和创新能力,帮助学生未来成为受企业欢迎的新型员工。

中职专业英语课程教学中存在的理论与实践脱节问题可以通过混合式学习来解决。首先,对于教材内容滞后问题,在混合式学习中如果有现成的网络课程,尤其是精品网课,那么其本身就是优质资源。即便没有网络课程,教师也可以充分利用网络学习资料易于获取的优势,将最新的学习资料作为教材的补充,甚至可以取代已经明显过时的教材章节。至于教材偏理论的问题,教师可以引导学生通过完成实际工作任务的方式来理解理论,将理论融入实践中,再消化理论,有了实践的经验,对理论的理解也会提升。其次,师资问题也可以迎刃而解,教师在搜索网络学习内容或者面授课堂话题的同时就在自我充电,补上专业知识的短板,跟上行业、企业的新形势,如果教师能下企业实践还可以直接获取企业的一手资料。再次,深度学习能够自然提升教学目标,注重实际应用能力的培养,使学校课程教学与工作岗位相结合。

由此可见,混合式学习中网络学习与面授课堂学习两者相辅相成,突破传统教学的瓶颈,提供高阶思维培养的空间,实现深度学习,达到学以致用的效果,升级中职专业英语教学目标,达到行业对人才的要求,培养应用型人才。

2. 个性化学习化解学生基础与学习难度不对等的矛盾

混合式学习可以实现学习者个性化学习。在混合式学习中,网络学习时,学习者在截止时间范围内可以不受时间、空间的限制,按照自己的学习步调进行自主学习。对于丰富的网络学习资源,除指定学习资料外,学习者可以自由选择。目前,有的网络学习平台可以通过算法做决策,智能化推送学习资源。教师也可以实现对个体学习者的差异化指导,为个体量身定制学习路径和学习内容。教师还可以随时获取网络学习平台对每个学生的诊断报告,提供在线一对一的指导。对于学习者在网络平台的提问,教师可以同步或者异步回答。教师还可以按照班级英语水平的差异实施分层教学,或者按照学习风格布置不同形式的任务。

在中职专业英语课程教学中,学生英语基础与学习难度之间的不对等可以通过个性化学习来解决矛盾。对于英语基础薄弱的学生,教师可以提供更多的学习支架,分解学习难点,给予个体指导,帮助学困生越过难关,获得成就感。对于英语水平不错的学生,教师可以对其提出更高的要求,鼓励他们挑战自我。全班可以按照英语水平高低,分为好、中、弱三个层次实施差异化教学。可见,混合式学习从纵向和横向上使教师能覆盖到每个学生,从每个学生自身的情况出发,实施教学。由于教学任务采用差异化教学的方式,使各个英语水平的学生都能完成相应的学习任务,所以教师也能避免拼命赶进度而不顾学生是否能接受。由于学生经常能获得来自教师或者同伴的帮助,学习日渐进步,学生会树立自信心,即使碰到困难,也不会轻易退缩,从而形成良性循环。这样每个个体的差异都得到尊重,真正实现了因材施教,使每个学生都更可能获得人生出彩的机会。

混合式学习的个性化学习是传统面授课堂根本无法做到的,混合式学习借助信息技术提供的网络环境,使学生得以实现个性化学习,教师也有更多的时间给予学生网络或者面授的个性化指导。因此,混合式学习支持中职专业英语课程教学中学习主体的个性化需求,促使每个个体进行个性化学习,从而达到最佳的学习效果。

3. 互动学习医治课堂学习兴趣不高的"顽疾"

混合式学习的整个学习过程充满了互动教学,提供多方位的互动,有人机互动、师生互动和生生互动。在网络学习环节实现人机互动,学生进行学习测评,网络学习系统即时给出客观题测试得分,学生能够第一时间反思自主学习中的不足。智能学习系统还支持对学生学习数据进行判断,自动收集错题,加强学生对错题的训练,在错误固化前及时纠错,并推送其他相对应的学习资料,弥补学生特定知识点或者技能点的缺失。另外,师生互动比传统面授课堂更为频繁,教师不仅在面授课堂与全班学生互动,还可以在网络学习平台或者微信、QQ等其他媒介开展互动,并且互动形式包括与全班互动、小组互动和学生个体互动,即时解决学生的问题,答疑解惑,推动学生进行深入学习。同样,生生互动也变得更为频繁,在网络学习空间或者面授课堂,学生能与其他学习者一起协作学习,开展两两结对学习、小组合作和全班集体讨论等活动,大家共同分享学习心得,发表各自的观点,互为学习资源,拓宽思路,增强探究能力、批判性思维能力和沟通交流的能力。

充分的互动使中职专业英语课程教学中的学生对学习兴趣不高的"顽疾"不再难以医治。首先,在混合式学习的互动活动中,探究性互动学习占据很大的比例,学生通过小组协作活动,去解决实际工作中的典型问题或者模拟工作场景去解决问题,使学习内容与未来工作岗位直接挂钩,学习中职专业英语课程变得更有实际意义。其次,互动活动一改教师"一言堂"的传统课堂局面,学生不再是听众和记录员,而是互动活动的参与者,学生处于学习的主体地位,教师不再是课堂的主宰者,而是指导者和促进者。参与互动活动可以使学生兴奋起来,不会感到无趣。再次,混合式学习的网络互动和面授课堂互动都不可能局限在对中职专业英语课程内容的翻译和背默,即便面授课堂检测理解和记忆的内容也是通过小组竞赛等互动活动,会极大提高学生的学习兴趣和课堂参与度。

由此,混合式学习支持中职专业英语课程教学中的互动学习,通过多种互动活动,提高学生的学习兴趣,把学习变成学生的内驱力,从而使中职专业英语课程教学更顺畅,学习更高效。

3.3 中职专业英语课程混合式学习整体框架

根据之前对中职专业英语课程教学创新需求分析以及对混合式学习支持中职专业英语课程教学改革要求的分析,提出适用于中职专业英语课程开展混合式学习的整体框架,如图3-1所示。

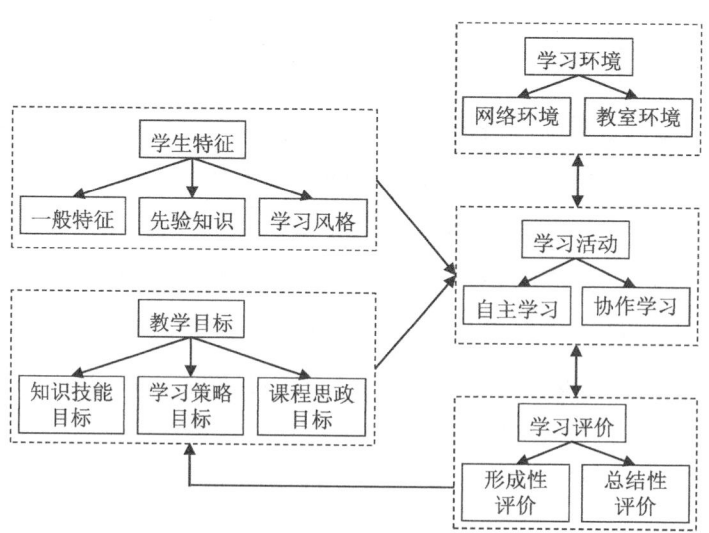

图3-1 中职专业英语课程混合式学习整体框架

何克抗(2004b)指出,随着混合式学习的概念越来越为学术界所接受,"学教并重"的教学设计得到认可。在教学设计中,把"以学为主"与"以教为主"有机结合,既要强调学生自主学习和协作学习的设计,又要强调学习者特征分析和教学目标分析,发挥教师的教学主导作用。

中职专业英语课程混合式学习整体框架体现"学教并重",由学生特征、教学目标、学习环境、学习活动和学习评价五个要素构成,强调"主体—主导"的教学结构,即以学生为主体,以教师为主导。教师分析学生特征作为学生学习的起点,同时分析教学目标作为学习的终点。从起点到终点的过程由学习环境、学习活动和学习评价三者组合完成。学生特征分析和教学目标分析决定学习活动。在学习过程中,学习活动依据学习环境所能提供的条件展开,反之,根据学习活动的需要选择学习环境。学习评价伴随着学习活动,贯穿整个学习过程,检测教学目标的达成度,促进学生的学习反思和教师的教学反思。

1. 学生特征

学生特征包含一般特征、先验知识和学习风格。教师应充分分析授课班级学生的特征,才能有的放矢地开展中职专业英语课程教学。教师需要了解学生的共性特征,如年龄、地区和专业等。先验知识指学生在学习之前已经掌握的知识。学习风格是学生个性化学习的重要依据,教师可以通过观察、了解或者测试学生的多元智能,根据个体的差异,量身定制每个学生的学习方案。

2. 教学目标

教学目标包括知识和技能目标、学习策略目标以及课程思政目标。知识和技能目标应抬头对接当前行业、企业的标准,而不是低头死盯教材内容,应引导学生深度学习,注重实践运用。学习策略目标应培养学生学会学习的能力。中等职业学校的学生自我管理能力偏弱,教师更应该引导学生管控自己的学习,主动建构知识和技能。课程思政目标是课程学习的灵魂,教学是为国家、地区培养人才。李春花(2019)谈到在教授中职旅游英语口语课程时,学生表露出不愿意留在农村的想法,教师就应将培养学生振兴家乡和服务"三农"意识作为课程思政目标。

3. 学习环境

学习环境分为网络环境和教室环境。在学习内容安排上,将基础知识和基本技能的学习放在网络环境中,提供个性化学习,培养学生自主学习的能力,为学生学会独立思考以及管控好自己的学习创造学习环境。将运用层面的学习安排在教室环境中进行,让学生在学习更高一层次的内容时,有更多面对面交流的机会,获得更直接的帮助,共同解决疑难问题,从而为培养学生解决问题能力、创新能力和人际沟通能力创造良好的学习环境。

4. 学习活动

学习活动包括自主学习和协作学习。自主学习以网络学习为主,面授课堂更多会安排协作学习。协作学习作为互动活动重要的组织形式不仅在面授课堂广泛采用,还在网络学习中也得以开展。在学习活动中,教师起主导作用,是组织者、促进者和帮助者。

5. 学习评价

学习评价分为形成性评价和总结性评价。形成性评价是学习过程中对各种学习活动的评价,而总结性评价是在课程学习中期以及结束时的评价。形成性评价和总结性评价的权重应相等,这对于中职专业英语课程教学更为合适,甚至形成性评价权重可以超过总结性评价。因为一方面学生会更加重视平时每一次的学习活动,中职生完成每个任务的学习压力要小得多,学习起来应更有信心;另一方面,可以缓解学生总结性评价引发的恐惧心理。

中职专业英语课程混合式学习整体框架的意图在于培养既具备学习与革新技能,又有信息、媒介和技术技能以及生活和职业技能的 21 世纪人才,培养出大国工匠,传承工匠精神,为实现中华民族伟大复兴作出自己应有的贡献。

第4章　旅游情境英语课程混合式学习模式的构建

在中国旅游业态总体看好的形势下，上海市政府制订的"上海旅游30条"提出到2035年将上海建成高品质的世界著名旅游城市。在上海市政府确立大力实施全域旅游发展战略的背景下，上海旅游行业和企业势必对旅游行业服务从业人员提出更高的要求，其中包括英语交际沟通能力。上海市中等职业学校旅游类专业是向旅游行业输送一线服务人员的基地，中职旅游情境英语课程作为上海市中等职业学校旅游外语专业和旅游服务与管理专业的核心课程，其课程标准要求学生能够熟练掌握旅游服务活动中的相关英语知识，能灵活运用英语完成相关技能操作，养成诚实守信、善于沟通合作的良好职业品质。然而，长期的课程教学未能完全达到课程标准，与新形势的目标要求更是相去甚远，中职旅游情境英语课程教学改革势在必行。

4.1　中职旅游情境英语课程基本情况

在中职旅游情境英语课程混合式学习模式推出之前，有必要先了解该课程以及该课程教学现状，以便更好地理解该课程的混合式学习模式，并且作为案例示范中职专业英语课程混合式学习整体框架如何植根于具体课程的推导过程。

4.1.1　中职旅游情境英语课程介绍

1. 中职旅游情境英语课程开设基本情况

中职旅游情境英语课程在上海招收旅游大类的中等职业学校开设，作为旅游类专业核心课程。课程名称在各所上海中等职业学校中略有不同，如：旅游英语综合课程、旅游英语听说课程、饭店情境英语课程和酒店情境英语课程等，在本书中统一称为旅游情境英语课程。该课程在旅游大类的旅游外语专业、酒店管理专业、餐饮服务与管理专业和旅游服务与管理专业等开设。通常情况下，课程设置在第三学期，前两个学期只开设公共文化课的英语学科课程，不开设专业英语课程。第三学期同时开设旅游情境英语课程和基础英语课程。但也有中等职业学校从第一学期起就一直开设旅游情境英语课程，拉长学习时间。所以，开设的学期不同使每学期的课时量也有所不同。集中在第三学期授课的学校或者专业一般安排每周4～6课时，从第一学期就开设旅游情境英语课程的学校或者专业，每周2课时，从总课时量看，大体相当。本书研究一周4课时、在第三学期开设的中职旅游情境英语课程的教学。

2. 中职旅游情境英语课程教材

中职旅游情境英语课程选用考证指定教材为旅游教育出版社出版的《饭店服务实用英语》，该教材由上海旅游行业饭店职业能力认证系列教材编委会编写。教材内容分为前厅服务篇、客房服务篇和餐饮服务篇三个主要部分，对应前厅、客房和餐饮三个部门的考证。通常情况，大多数开设该课程的上海市中等职业学校首选前厅服务篇，因为它在三个部分之中对客服务的英语要求最高，而且适用的专业领域最广，哪怕不是与酒店专业直接相关的旅游服务与管理专业也可以将其作为旅行社门市接待或者导游业务的一部分来学习。一方面可以触类旁通，另一方面旅游服务与管理专业没有对应中等职业学校学生的职业英语考证，而饭店职业英语前厅部门考证是最接近旅游服务与管理专业对客接待的英语考证项目。当然，也有中等职业学校分阶段参加三个部门的考证，但也是先安排前厅部门教材学习及考证。因此，本书所指的教材内容限定为《饭店服务实用英语》的前厅服务篇。教材课文全部为对话形式，并配以词汇、注释和角色扮演的情境以及课文对话的参考译文。

3. 上海市旅游行业饭店外语等级考试

上海市旅游行业饭店外语等级考试由上海市旅游行业协会下属的上海市旅游行业职业培训指导委员会委托上海旅游人才交流中心有限公司负责。该证书是作为评定上海市各大饭店星级的一项指标，因此备受星级饭店的关注。每年参加考证的人员不仅限饭店在职员工，还有大量的旅游高职或者中职院校的在校学生。《上海市旅游行业饭店外语等级考试——饭店英语考试大纲》详细说明了该考证分为A级、B级和C级：C级为最低等级，仅有口试，参考教材是《饭店基础英语》；B级为中等，包含笔试和口试，参考教材是《饭店服务实用英语》；A级为最高等级，包含笔试和口试，参考教材是《饭店运营实用英语》和《饭店服务实用英语》。在免考规定中明确凡是具有大学英语六级合格证书者可以申请免考饭店英语 A 级的笔试项目,凡是具有大学英语四级合格证书者可以申请免考饭店英语 B 级的笔试项目,但口试项目都不予以免考。可见,饭店英语等级证书笔试和口试并重,只有笔试和口试项目都合格或者有资格免考笔试项目且通过口试的才能获得相应的 A 级或者 B 级证书。本书仅研究饭店英语 B 级前厅部门考证,因中等职业学校学生没有资格参加大学英语等级考试,所以饭店英语考证包含笔试和口试。

上海市中等职业学校旅游外语专业和旅游服务与管理专业都有对该课程的标准,内容大同小异,提出课程总目标,强调具有娴熟的英语专业知识和技能以及优良的职业品质,对该课程教学具有指导意义。

4.1.2 中职旅游情境英语课程教学问题分析

中职旅游情境英语课程作为专业核心课程在上海市中等职业学校旅游外语专业和旅游服务与管理专业开设已久。长年的课程教学积累了不少经验,但也存在诸多的教学问题。笔者以所在的 S 中等职业学校为例,选择最能统一标准的饭店英语等级考试通过率来客观反映中职旅游情境英语课程教学效果。笔者统计了在 16 级第二轮正式实证研究之前五年本校历届参加饭店英语 B 级前厅考证所有班级的通过率,如表 4-1 所示。2013—2017 年本校参加上海市旅游行业饭店外语等级考试英语 B 级前厅考证平均通过率为 69.76%,并不理想。其中需要说明的 15 级中 15 级旅外班作为第一轮实证研究的试验班,共 34 人,通过率 100%,抬高了 15 级总体证书通过率。因此看五年的平均值更为客观,笔试合格率 85.84%要高于口试合格率 70.65%,因此造成证书通过率为 69.76%的主要原因在于口试合格率,学生必须笔试和口试都合格才能获得证书,所以证书通过率比口试合格率还要略低一点。

表 4-1 本校历届饭店英语 B 级前厅考证通过率一览表

考证年份	年级	人数	证书通过率	笔试合格率	口试合格率
2013	11 级	97	62.89%	86.60%	62.89%
2014	12 级	152	57.24%	77.63%	57.89%
2015	13 级	134	73.13%	89.55%	74.63%
2016	14 级	160	68.75%	84.38%	70.63%
2017	15 级	135	86.67%	92.59%	86.67%
合计		678	69.76%	85.84%	70.65%

考证通过率不高使我们反思中职旅游情境英语课程教学，教师已尽力，但结果不尽如人意。因此，需要发现存在的问题，剖析问题产生的根源。经过对任课教师和部分学生的访谈以及走访了两所校企合作星级酒店，将原因归纳为以下三个主要问题。

1. 口语应变能力弱

学生死记硬背情境对话，有的学生连情境都没有理解，就开始背对话。即便是两两分角色背对话，扮演前厅工作人员的学生不听客人说什么，只管自己往下背。所以，到了考证口试时，面对两名口试考官就已经心里紧张，还要与其中一名考官现场对话，考官说的不可能与背诵材料内容一样，学生本身就没有倾听客人的习惯，而且没有听懂，就无言以对，根本没有应变能力。

造成这种现象的根本原因在于教学目标定位太低。每个章节的口语学习要求学生能背出课文对话，就视为达到了教学目标。教学定位如果止步于机械记忆，就可能忽略了对学生灵活应变能力的培养。但是不少授课教师坦言，已经认识到这个问题，可是在有限的课时内，能够帮助大多数学生达到这一基本的教学目标已经很不错了，灵活应变能力只能靠学生自己。

要解决这对矛盾，就必须让课堂教学能够实现加深扩容，给予学生更多的机会，根据不断变化的工作情境，将知识和技能按需组合，使学生熟悉并灵活应对各种情境。同时，从职业素养角度，还应强调倾听，服务人员需要尊重客人。从交流沟通视角看，只有懂得客人的需求，才可能提供恰当的服务。从英语技能要求出发，前厅服务人员必须重视听和说，不能学成"哑巴英语"，而且要训练成一遍能听懂客人需求，否则反复问客人很容易让客人感到不愉快。这一要求也体现在考证笔试项目的听力部分，占笔试分值40%，而且只允许听一遍。可见，该考证对英语交际能力的要求高，必须听说不分家。因此，当务之急需要创造条件，让学生有更多实战演练的机会。

2. 记忆负担偏重

学生觉得中职旅游情境英语课程好多内容需要记忆，但是专业性强，很难记住。如：单词太长、过于拗口，读不清楚；词组不能望文生义，是行业术语；句子为了表达礼貌委婉的语气也很长，记不完整；各情境对话中的流程步骤有相似又有不同，很容易背串。总之，学生感觉记忆负担很重。

究其原因，一方面，学生一知半解，囫囵吞枣地硬记。他们没有实习经验，很多内容想象不出，记忆碎片之间不能连接，加重了记忆负担。但在拜访星级酒店时，我们问及员工如何记住这些内容的，他们就觉得很简单，因为在日常工作中反复这样操作，会自然条件反射,根本不需要专门去记忆。另一方面,也折射出教学方法的问题。授课教师普遍沿袭传统课堂教学,课堂讲解太多,学生消化太少。整堂课围绕着讲解、默写和背书转,学生学习热情也不高,易走神,就更加不理解学习内容。课程资源太有限,学生除了教材外没有更直观的学习资源。教师缺乏提供足够的支架,无法帮助学生一步步提升。因此,课程教学有待改变教学方法,补充教学资源,让学生在理解的基础上记忆,减轻记忆负担。

3. 检查周期过长

主要是口语背诵检查。为检验学生的掌握程度,教师会不间断地进行各种检测,但是检测面和检测时长一直是对矛盾体。课堂上如果要检查学生背书情况,只能抽个别学生背书,检测面十分有限。但如果要人人"过堂"的话,只能课后背书,一圈下来,周期很长。英语能力较强的学生早就背好了,在无味地等待挤牙膏背书的学生。背书进度慢的学生多半是学习困难的学生,任务不断堆积,反而容易被压垮。教师也苦不堪言,耗时耗力但还是忙不过来,更不可能给予学生个性化指导,往往最终只能放弃部分学生。由于检查周期过长,也影响课堂效率,能力强的学生已经无所事事,能力偏弱的学生还在艰难爬行,检查周期未完成,教师也不敢教授新课,以免后进学生跟不上,从而导致整个课堂学习效果不佳。

以上现象暴露出教学无法满足个性化问题,教师不能及时提供评价反馈,势必会导致一部分自制力弱的学生自我松懈,日积月累,失去学习的信心。教师也只能选择放弃这部分学生以保全更多的学生。看上去,教师做出了明智的选择,但是从关注每个学生的发展上说,教学是失败的。因此,教师需要思考如何提供个性化的教学,如何使学生获得个性化的学习。从而体现学生是学习的主体,尊重学生的认知规律和个体差异。

4.2 旅游情境英语课程混合式学习"三部曲"模式

针对中职旅游情境英语课程教学问题,在中职专业英语课程混合式学习的整体框架下,构建中职旅游情境英语课程混合式学习"三部曲"模式,如图 4-1 所示。该模式将中职专业英语课程混合式学习整体框架的学生特征、教学目标、学习环境、学习活动和学习评价五个要素中最核心的要素"学习活动"细化为预习新知、强化重点和操作难点"三部曲",因此命名为中职旅游情境英语课程混合式学习"三部曲"模式。该模式不同于常见的以一节课为单位的分为课前、课中和课后三阶段的混合式学习模式,而是将一个单元教学视为整体,遵循思维从低阶到高阶的认知规律,形成与该课程最佳拟合度的渐进式循环的混合式学习模式。学习活动由中等职业学校学生需要小步渐进的学习特征以及符合企业要求的教学目标决定。以预习新知、强化重点和操作难点三个阶段为主脉络,将学习活动、学习环境和学习评价有机融合。用4课时完成一单元教学,每个阶段都是先网络学习后面授课堂学习。预习新知阶段的网络学习安排在语音室进行,占1课时,后3课时都在面授课堂进行。具体的学习活动形式和内容发挥网络学习环境和教室学习环境各自的优势,形成性评价在网络学习环境和教室学习环境都一直伴随着学习活动的进展,在课程中期和末期获得总结性评价,用以检测教学目标的达成度。

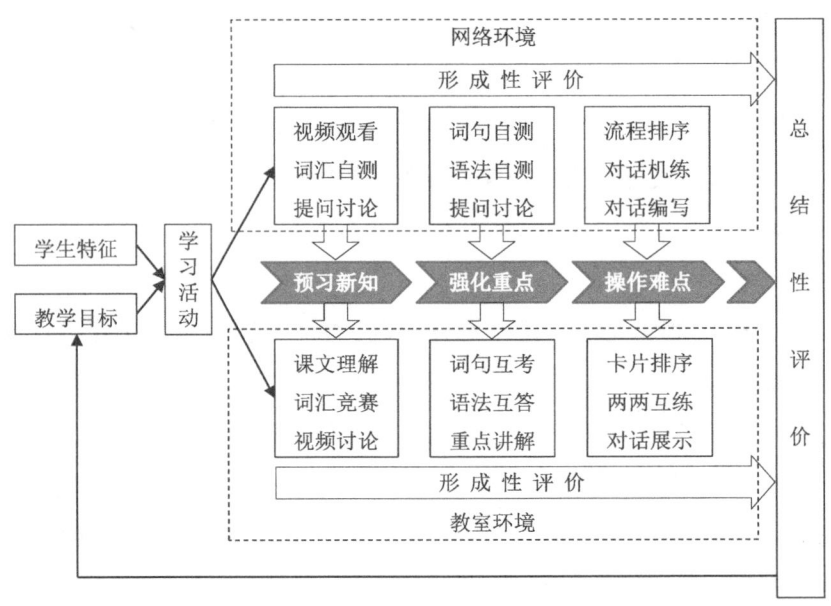

图 4-1 中职旅游情境英语课程混合式学习"三部曲"模式

"三部曲"模式历经第一轮对15级旅游外语班共34名学生(男12名,女22名)的实证先导研究逐步形成的。该模式根据中职旅游情境英语课程以听说为重的特点,充分利用现代信息技术,将网络学习与面授课堂学习相结合,以解决中职旅游情境英语课程教学中存在的问题。

1. 教学加深扩容提升应变能力

利用网络学习完成基本任务,打好前阵,为面授课堂留出拓展学习的空间,给学生增加操练的机会。提高对话完成的要求,同一情境增加变式,让学生学会倾听客人需求,以便作出正确的反应为达标要求。如,客房预订情境中,客人可以提出多种要求,学生必须捕获具体的客房需求信息,才能完成预订任务。这样就可以避免学生不听客人说话,自顾自地死记硬背。同时,也提升了听力技能,鼓励学生一遍听懂并记住客人需求,不要让客人重复。训练次数增多,学生自然会有灵活应变能力,到了考场,也有心理准备,更能泰然应对未知场景。

2. 小步前行减轻记忆负担

预习新知、强化重点和操作难点"三部曲"必须每一步都做扎实,为此,每一小步都有网络学习和面授课堂学习。提供学生视频资源,了解工作场景。网络学习中的音频给予学生更多模仿跟读机会,纠正发音。多种互动活动帮助学生巩固记忆。创设的模拟工作场景不仅仅是情境文字,而且还提供实物卡片,如,护照、房卡和信用卡等。操练对话时,学生就能像酒店前厅员工与客人真实对话那样,边拿实物操作,边用英语表达。不仅减轻学生的记忆负担,还能增加学习情趣。面授课堂教师少讲,多让学生知识内化,引导学生走好每一小步,缓解学习的心理压力,帮助学生理解流程的内在逻辑,使记忆变得轻松。

3. 激发个体学习动力缩短检查周期

尊重学生之间的个体差异,找准每个学生的"最近发展区",帮助学生设定不同的学习任务,让每个学生都有努力的目标并有实现的可能。检查背诵情况可以借助网络学习平台,要求学生上传背诵视频,开展互评活动,再结合人工抽背,这样可以大大缩短检查周期。对于已经完成背诵任务的学生,教师可以借助网络学习平台便于随时添加资料的特点,鼓励学生通过网络学习拓展资料。背诵困难的学生可以简化语句,抓住关键内容。课内或者课外通过激励机制让学生结对学习,学习能力强的教授他人。教师还需特别关注后进学生,通过网络或者面授多提供个性化指导,确保后进生不掉队。这样,每个学生都能个性化学习,都有所获,保持学习动力。

4.2.1 学生特征

中职旅游情境英语课程混合式学习"三部曲"模式的第一个构成要素是学生特征,学生的情况是教学的起始点,学生特征分析是决定学习活动的一个关键因素。学生特征分析包括学习者一般特征分析、先验知识分析和学习风格分析。本校开设中职旅游情境英语课程的只有两个专业,即旅游外语专业和旅游服务与管理专业。现就这两个专业做学生特征分析。

1. 一般特征分析

从一般特征角度,旅游外语专业和旅游服务与管理专业的男生偏少,女生偏多。两个专业都具有中等职业学校学生共同的特点,学习的自我管控能力较弱,对英语学科学习的兴趣不高,班级内都有成绩相差很大的学生。根据专业的课程设置,中职旅游情境英语课程安排在第三学期,该阶段的学生刚升为二年级,年龄16~17岁,仍处于青春叛逆期,而且已非新生,对学校的新鲜感已过,一些散漫现象开始出现。

2. 先验知识分析

就先验知识分析而言,两个专业学生都已经学过一个学年的中职基础英语,第三学期仍有中职英语课程,之前都没有接触过中职旅游情境英语课程。旅游外语专业把英语作为该专业的主要课程,除中职基础英语课以外,从一年级开始一直开设英语听说课程和英语读写课程。旅游服务与管理专业的学生在一年级学过的专业课程都与旅行社业务有关,与酒店业务无关,而且也没有上过其他中职专业英语课程。

3. 学习风格分析

从学习风格分析看,两个专业学生有很多相似点。他们都偏感性认识事物,理性认识能力比较弱,观察、思考和解决问题的能力偏弱,都习惯于听教师讲授,直接接受答案。班级学生偏科现象比较严重,偏数学、偏英语或偏语文的学生都有。因此,学生各自智能的强项都不同,班级内较为常见的分别有言语—语言智能、逻辑—数理智能、视觉—空间智能和身体—动觉智能见长等各类学生。两个专业都有很自觉、责任心强的学生,但是占少数。大多数学生出于多种家庭原因,获得父母的关心较少,情感上需要教师耐心地鼓励和关爱。两个专业都是活跃型学生比内敛型学生略多,学生都很关注自己未来的就业,但是绝大多数的学生希望进入高职学习后再就业。

依据学生特征分析,确定实验组在进行"三部曲"模式的第一步预习新知的网络课程学习安排在学校语音室,共1课时。确保每个学生在老师的监督下,认真完成自主学习,并且确保学生花足够的时间听音频,模仿跟读,而不是敷衍了事。在学习过程中,教师需要多监督和鼓励,及时给学生提供帮助。如,网课设置将原闯关设置取消,也取消不合格打回重做设置,改为允许学生重做,将学生被迫反复做改为自愿做,这样后进生不会因为一直无法过关,而丧失学习信心,也敞开通路让想提高成绩的学生再主动重做。网课多提供视频、图片等感观资料,增加学生的感性认识。在操作难点阶段,布置开放型任务,鼓励学生勤思考,而不是等现成的答案。

4.2.2 教学目标

教学目标是课程学习的终结点,是决定学习活动的另一个关键因素。教学目标分为课程总目标、单元目标和单元子目标(即每一步的目标)三个层级。每一层级教学目标分析包括知识和技能目标分析、学习策略目标分析以及课程思政目标分析三个维度。现对中职旅游情境英语课程的总目标进行三维分析,单元目标和单元子目标分析将在后续章节展开。

1. 知识和技能目标分析

该课程的知识和技能目标分析应体现课程以听说为主的特点,并有上位思考,将国家总体布局以及行业和企业标准纳入考虑范围。因此中职旅游情境英语课程总的知识和技能目标为:掌握饭店前厅部门的专业术语、专业语句表达和工作流程等相关英语知识以及能灵活运用英语完成岗位任务的相关英语技能,达到世界著名旅游城市高星级酒店前厅部门员工英语能力的标准。

2. 学习策略目标分析

学习策略目标分析是为了寻找适合中等职业学校学生有效学习该课程的学习方案。中等职业学校学生往往缺乏学习策略的概念,需要教师指导学生学会主动学习。学习策略分为认知策略、元认知策略和资源管理策略。认知策略有助于提高记忆力,元认知策略是了解、监控和调节自己的学习过程,资源管理策略是善于利用可获得的资源辅助学习。因此,中职旅游情境英语课程总的学习策略为:教师指导学生正确分析自己学习本课程的优劣势,选择适合自己学习的方法来提高记忆力和学习效率,监控并调节自己的学习过程,善于借助时间、环境或他人辅助自己完成课程学习。

3. 课程思政目标分析

课程思政目标分析需要根据中职旅游情境英语课程的特点,挖掘思政元素,将思政与课程自然融合。与该课程关联度高的思政元素主要有政治认同、家国情怀、文化自信、全球视野、法治意识、公民品格、科学精神和职业精神。由此,中职旅游情境英语课程总的思政目标为:拥护中国共产党的领导,投身于新时代中国特色社会主义建设;热爱祖国,热爱家乡,有民族自豪感;传播中华优秀传统文化;了解和尊重各国文化差异;遵纪守法;热心公益事业;具有批判性思维,勇于探索创新;敬业爱岗,诚实守信,热爱劳动,规范操作,严谨求实,善于团队合作。

依据中职旅游情境英语课程总教学目标,为培养灵活应变能力,在第三步操作难点阶段给予充分的探究互动时间,不断实践运用,做到灵活应变,达到企业标准。教师还应指导学生管理自己的学习方法,提高学习效率,尤其在网络学习时,学会有效地自主学习,达到加大操练强度的目的。同时,将思政元素自然融入中职旅游情境英语课程,为国家和企业培养高素质的职业人才,助力中国在世界舞台树立良好的国际形象。

4.2.3 学习环境

学习环境是学习活动得以开展的外部条件,在"三部曲"模式中的学习环境分为网络环境和教室环境,按1∶1交替利用网络环境和教室环境进行学习活动,即先网络环境后教室环境完成第一步预习新知的学习,然后回到网络环境,再在教室环境进行第二步强化重点的学习,最后再次回到网络环境,之后在教室环境开展第三步操作难点的学习。

"三部曲"模式的网络环境是指由我校开发的"易乐学习社区"数字化学习应用平台,支持PC端、手机端、平板电脑终端登录。该平台具有多种管理功能,其中课程管理允许教师在平台创建网络课程。因此,本书中的网络学习是指在"易乐学习社区"数字化学习应用平台的网络环境下进行中职旅游情境英语网络课程的学习。

"三部曲"模式的教室环境是指具备电脑、投影仪和屏幕等基本信息化技术设备设施的普通教室。在第三步操作难点的教室环境学习中,以两人为单位,为其提供一套与对话相关的实物卡片,用于模拟工作场景。实物卡片的制作尺寸按照实物原比例,卡片内容尽可能逼真。如,信用卡和万事达卡(MasterCard)的实物卡片制作成与信用卡大小一样外,还有万事达卡的Logo标识、虚拟持卡人的英文名字和卡号及有效期等信息,尽可能模仿实物信用卡。教室环境提供实物卡片作为道具,使对话场景更接近真实的工作场景,让学生在对话交流中使用这些实物卡片完成工作任务,从而帮助学生更直观地理解对话,梳理流程,减轻记忆负担。

"三部曲"模式中第一步预习新知的网络环境较为特殊,是学校语音室的网络环境。语音室提供可以上网的电脑以及带有话筒的耳机。第一步安排在语音室环境学习是因为预习新知的网络学习要求学生自主学习新课文,熟悉新词汇。这一环节的网络学习是后面所有环节的基石,对于自制力薄弱的学生不能按时并且认真完成预习新知的网络学习,将影响后续所有的学习,也不利于学习自信心的树立。语音室网络环境学习便于教师监管,也便于及时解答疑惑,收集问题。

4.2.4　学习活动

学习活动是整个学习过程的核心,"三部曲"模式的学习活动分为自主学习和协作学习。网络学习以自主学习为主,协作学习为辅;面授课堂学习以协作学习为主,自主学习为辅,以此发挥两种不同学习环境的优势。

1. "三部曲"模式的自主学习活动

"三部曲"模式的自主学习活动分布于预习新知、强化重点和操作难点三个学习阶段。在第一步预习新知阶段,学生自主学习网络课程的视听资源,自测词汇,主动提问,以达到初步理解课文和熟悉词汇的目的。面授课堂的词汇竞赛之前,教师留出几分钟时间,让学生自主学习,自我复习词汇。在第二步强化重点阶段,学生自主参加网络课程的词组和单句自测、课文语法自测并提问。在面授课堂词组和单句互考前安排学生自主学习,以巩固课文的关键词组和关键句子。在第三步操作难点阶段,学生自主在网络课程做进阶练习,完成流程排序,梳理情境对话流程,通过人机对话操练开展应用实践,再根据给定的情境自主编写对话,实现知识和技能的迁移与创新。面授课堂在随机对话展示前,给予学生自主学习重温情境对话关键点的时间。

2. "三部曲"模式的协作学习活动

"三部曲"模式的协作学习活动同样也分布于预习新知、强化重点和操作难点三个学习阶段。第一步预习新知阶段在网络环境下讨论,面授课堂小组或者集体讨论解读课文,开展词汇竞赛,在理解课文的基础上深入讨论视频,通过讨论和竞赛的形式使学生深入理解课文并能熟练掌握词汇。第二步强化重点阶段以学习平台为媒介开展语法知识点讨论,在教室环境下,组间进行词组和单句互考,组间对语法点互相答疑,通过互考和互相教授他人,巩固关键词句,增强语法点的理解运用,培养团队合作精神。第三步操作难点阶段在学习平台交流自己的配音视频以及情境对话的编写,互相借鉴,开阔眼界。在面授课堂上,以两人为单位进行实物卡片排序,两两利用实物卡片互练对话,体验流程的内在逻辑,展示对话成果,获得成就感。还可以开展挑战赛,随机配对,对给定情境进行对话,培养灵活应变能力。

3. 网络环境下的自主学习活动

网络环境下的自主学习活动使个性化学习成为可能,学生可以按照自己的学习风格和学习习惯进行学习。对于不同学习水平的学生,完全可以按照自己的认知规律,充分利用便捷的学习平台功能和丰富的网络课程学习资源,各取所需,满足个体的学习需求。在面授课堂竞赛、互考和展示前的自主学习能增强学习动力,提高学习效率。通过自主学习,培养了学生自我管理学习能力,为终身学习打下基础。通过人机互动、师生互动和生生互动的学习活动,网络学习和课堂教学变得更丰富多彩,学生思维碰撞,激发脑活力,提高学习兴趣。探究性的互动活动让学生置身于未来真实工作场景下去完成任务,增强职业体验感,调动学习积极性,引导学生深入参与并高效互动,培养高阶思维。多重互动学习活动提供更多交流的机会,学生之间相互鼓励、相互帮助,增进了友谊,同时培养了学生的小组协作能力以及人际沟通能力。

4.2.5 学习评价

中职旅游情境英语课程混合式学习评价既是对学生学习结果的测评,也是混合式学习过程的一部分。学习评价分为形成性评价和总结性评价,"三部曲"模式中的形成性评价伴随着学习活动的过程,在网络环境和教室环境产生。总结性评价在单元以"三部曲"模式循环推进到课程中点和结点产生。

1. 形成性评价

形成性评价采用多元评价方式。在网络环境下,对学生的学习过程有完整的记录,并且数据可以追溯,实现数据实时统计,随时可查看。教师端可以时时通过管理系统了解全班的学习进度以及每个学生具体的进展,对于后进学生能及时纠偏。学生端可以获知自己的学习进展情况、学习成绩和班级内自身排名,促进学生自我管控学习。"易乐学习社区"平台提供多方位的数据作为形成性评价的客观依据。在教室环境下,教师可以根据课堂参与度和质量给予个人得分和小组得分,还有学生自评、组内互评和组间互评。通过机评、自评、互评和师评,形成多元评价,多种评价方式的权重可以由教师自定。

2. 总结性评价

总结性评价为学期的期中考试和期末考试,一般情况下,以卷面形式对学生的课程学习情况进行考查。在比例分配上,期末考试成绩应该高于期中考试。期中考试和期末考试由于仅限笔试,依据考证命题标准,整张试卷都为客观题,因此学生成绩由机评决定。

在"三部曲"模式下,课程总评由形成性评价和终结性评价按相同权重构成。形成性评价的网络学习的综合评分和面授课堂学习的综合评分比重各占25%;总结性评价的期中考试成绩与期末考试成绩分别占总评的比例为20%和30%。

多元评价尊重个体的差异，提供多种渠道让学生展示自我，同时能更加立体地反映学生的课程学习情况。网络课程的即时评价，便于学生自我纠正。自评是学生对照评分标准再学习的过程，也是自我管理学习的手段之一。互评是学生与学生个体之间或者小组与小组之间互惠共赢的学习过程。师评是学生获得教师指点的良好机会，使学生知晓改进的方向。此外，师评借助网络学习平台的交互技术把以前耗时耗力的学习任务变得简单易行，如以往的背书检查任务通过评判学生上传的人机配音视频就可以高效完成。

第 5 章　基于"三部曲"模式的旅游情境英语网络课程开发

旅游情境英语网络课程是依据中职旅游情境英语课程混合式学习"三部曲"模式开发的。该网络课程创建在本校"易乐学习社区"数字化学习应用平台。"易乐学习社区"提供多种功能，便于学生自主学习网络课程资源，对网络课程资源或者纸质教材内容的理解进行自我测评，提交作业或者学习作品，参与班级讨论或者小组讨论等。也便于教师实时了解任教班级的整体完成率以及学生个人的学习进程，监督管理班级，及时提醒后进学生，在线回答学生提出的疑问，获取各章节测验学生成绩以及得失分详情等。

网络课程的基本内容源于考证的指定教材《饭店服务实用英语》，然而不是把教材内容按原样搬上网络课程，而是面向混合式学习，按照"三部曲"模式重新编排教材结构，对课文内容做适当改动，补充大量的网络学习资源，使之与纸质教材相配套，帮助学生学好考证指定用书，以达到世界著名旅游城市高星级酒店前厅部门员工英语能力的标准为最终目标。网络学习资源的具体内容和活动设计充分考虑中等职业学校学生特征。

5.1　旅游情境英语网络课程内容结构树框架设计

结构树是把事物比拟成像自然界的树那样有树干、树枝和树叶之间的层次关系。旅游情境英语网络课程内容结构树框架就是将网络课程内容的框架做成像树的层级结构，以符合中职旅游情境英语课程混合式学习"三部曲"模式的要求。结构树框架设计充分考虑学生特征和教学目标，有利于网络课程学习与面授课堂学习相结合，使信息技术与"三部曲"模式的五个构成要素深度融合。

5.1.1 旅游情境英语网络课程内容总框架设计

中职旅游情境英语网络课程内容总框架相似于树干和主树枝的两层级结构,如图 5-1 所示,树干前厅服务篇,第 2 层级由 8 条主树枝组成,即 8 章。章节划分基本上按照《饭店服务实用英语》教材的编排顺序,但仍略有不同。前 6 章即第 1 章前厅部运作、第 2 章话务员与电话服务、第 3 章客房预订、第 4 章接待与入住登记、第 5 章礼宾服务和第 6 章收款与退房与《饭店服务实用英语》教材保持一致,第 7 章常见问题及处理增添了教材中的附录部分,第 8 章总复习添加了各种针对前厅服务篇的总练习。

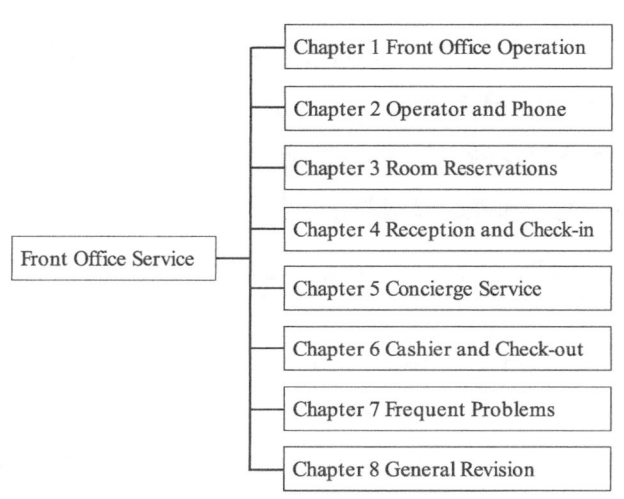

图 5-1 中职旅游情境英语网络课程内容总框架

增添第 7 章常见问题及处理出于三个原因考虑。首先,第 1 章到第 6 章是最基本的前厅对客服务内容,但是从实际岗位要求出发,难免会遇到客人投诉。前厅部门的服务人员尤其是前台接待员必须有能力处理宾馆客人的投诉,将企业损失降低到最小,维护企业形象,博得回头客。其次,宾馆客人投诉的处理在难度上要远远大于前 6 章的内容。从英语语言的知识层面看,客人投诉的内容不可能局限在前厅部门的服务,对于客人而言,任何部门的服务不能令其满意都可以向前台投诉,因此需要前台服务人员除了熟悉前厅部门的知识外,还应该对宾馆其他部门的服务有基本了解。从英语语言的技能角度,对前台服务人员的听力能力提出很高的要求,一般情况下,客人投诉语速会比较快,情绪很容易暴躁,因此前台服务人员要能够一遍听懂客人投诉的问题,而不是请客人重复,否则会引起客人更大的不满。不仅听力要求高,而且口语输出能力也要求高,需要前台服务人员要能够向客人做充分的解释工作,并且要提出解决问题的方案,使客人能接受,还需要时时地安抚客人激动的情绪,所有这些都需要大量的口语表达。再次,考证的口试项目情境对话包括处理投诉的内容。因此,将常见问题及处理放入中职旅游情境英语网络课程,与企业实际岗位要求和考证要求双接轨,同时还能培养学生灵活应变的能力。

第8章总复习作为最后1章节添入中职旅游情境英语网络课程使网络课程更为完整,并且给予学生自主复习的抓手。总复习涵盖了前厅服务篇教材中出现的专业术语、语法知识点和关键单句的中英文表达,以客观题的形式允许学生反复操练,自我检测,获得即时评价反馈,自查知识的疏漏点,纠正错误的理解,提高记忆的准确度,达到熟能生巧的效果。此外,总复习提供更多的职业场景学习资源,让学生多视角地了解实际工作岗位要求,学习前厅服务人员如何向客人提供热情周到的服务,在教材提供基本的前厅服务的基础上,提高要求,开拓思路,形成创新服务理念。由此,使中职旅游情境英语网络课程不仅仅满足考证要求,而是努力达到世界著名旅游城市高星级酒店前厅部门员工英语能力标准的课程教学目标。

5.1.2 旅游情境英语网络课程内容单元框架设计

中职旅游情境英语网络课程内容单元框架类似树枝与树叶的层级结构,考证的指定教材《饭店服务实用英语》的目录只到单元为止,而网络课程内容在单元下再生成1级,将单元拆分成3个小节,如图5-2所示。第1章前厅部运作下属1个单元,即第1单元前厅部运作(Unit 1 Front Office Operation),单元下属3个小节,分别用前厅部运作-1(Frone Office Operation-1)、前厅部运作-2(Frone Office Operation-2)、前厅部运作-3(Frone Office Operation-3)表示。这3个小节是依据中职旅游情境英语课程混合式学习"三部曲"模式分支出来的,分别指预习新知、强化重点和操作难点三步。

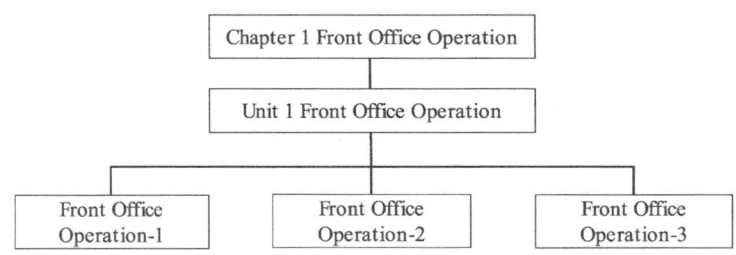

图5-2 中职旅游情境英语网络课程内容单元框架

第1章节相对结构简单,下属只有1个单元,单元下属3个小节。后续章节结构比较复杂,1个章节多个单元,每个单元再分支成3个小节。个别单元下属还有子单元,子单元再分支成3个小节。因此,网络课程内容单元框架或者子单元框架以分叉的3个小节为整个网络课程内容框架的基层,如同树叶是树的最末层级一样。

之所以将每个单元或者子单元细分为3个小节,至少有3个优点。第一,分解了课文的重点和难点,将"三部曲"模式的每一步都单独设为1小节,便于实施"三部曲"模式。第二,易于学生识别,凡是本网络课程目录名称中含-1、-2或-3,就是1个单元或者子单元对应的预习新知、强化重点和操作难点"三部曲"。在混合式学习过程中,分成独立的3个小节比合并成一节清晰得多,学生可避免多做或者漏做。第三,学生更容易获得成就感。完成1个小节任务比完成1个单元任务的学习压力要轻得多,虽然最终是需要学生完成整个单元的任务,但是从心理学角度,学生看到的是短期可以达到的目标,就会更加愿意去完成,这可成为学生进一步深入学习的动力,从而学生能更为顺利地开展循序渐进的自主学习,也日渐培养其自我管控学习的能力。

由此可见,中职旅游情境英语网络课程内容单元框架的设计遵循中等职业学校学生的认知规律,每个单元或者每个子单元下属的预习新知、强化重点和操作难点3小节从本质上看就是三个"最近发展区",单元框架设计引导学生从一个较低的英语发展水平到高一层次的英语发展水平,再从较高层次的英语发展水平进入到更高层次的英语发展水平。

此外,单元框架设计便于学习管理。网络课程的学习主要是学生的自主学习,对于自制能力偏弱的中等职业学校学生来说,单元框架已经细化到小节,相当于一个较为详细的学习计划,每次完成一个网络课程的任务点,就会自动变成绿点,学生对自己的学习进程能够一目了然。学习计划与动态的学习进程融为一体,比纸上制定的学习计划更有实际意义。因为,中职生本身就不习惯于制定学习计划,即便写好计划,也形同虚设。而将网络课程的目录视为学习计划,任务点完成后的绿点视为学习进程,每次登录学习,第一眼看到的就是目录,在整个学习计划中直观显示学习进程,有助于学生实时自我管控网络课程的学习,对大部分学生能起到有效的提示作用。同样,教师看到网络课程目录中每个小节后的班级完成百分率的长条,就大体知道学习进展情况。对于自制力很差的学生,教师应及时给予监督提醒。

5.1.3 旅游情境英语网络课程内容框架的结构树

中职旅游情境英语网络课程内容整体框架的结构树过于庞大,无法整体显示,因此节选具有代表性的第2章节来说明网络课程内容框架的结构树,如图5-3所示。中职旅游情境英语网络课程第 2 章节目录的层级结构用数字编码来表示。顶部白底的圈 2 是主树枝第 2 章话务员与电话服务，为章层级。章层级的下属有次主树枝，2.1 表示第 2 章第 1 单元处理问讯与要求（Unit 1 Directing Inquiries and Requests），2.2 表示第 2 单元留言服务（Unit 2 Taking Messages），2.3 表示第 3 单元叫醒服务（Unit 3 Wake-up Call Service），都为单元层级。在第 1 单元下属还有次树枝，用 2.1.1 表示处理要求（Directing Requests），2.1.2 表示处理问讯，两者为子单元层级。在子单元层级下属有树叶，如 2.1.1.1 表示处理要求的预习新知小节，2.1.1.2 表示处理要求的强化重点小节，2.1.1.3 表示处理要求的操作难点小节。第 2 单元层级下属是树叶，直接分为 3 小节。第 3 单元层级同样如此。

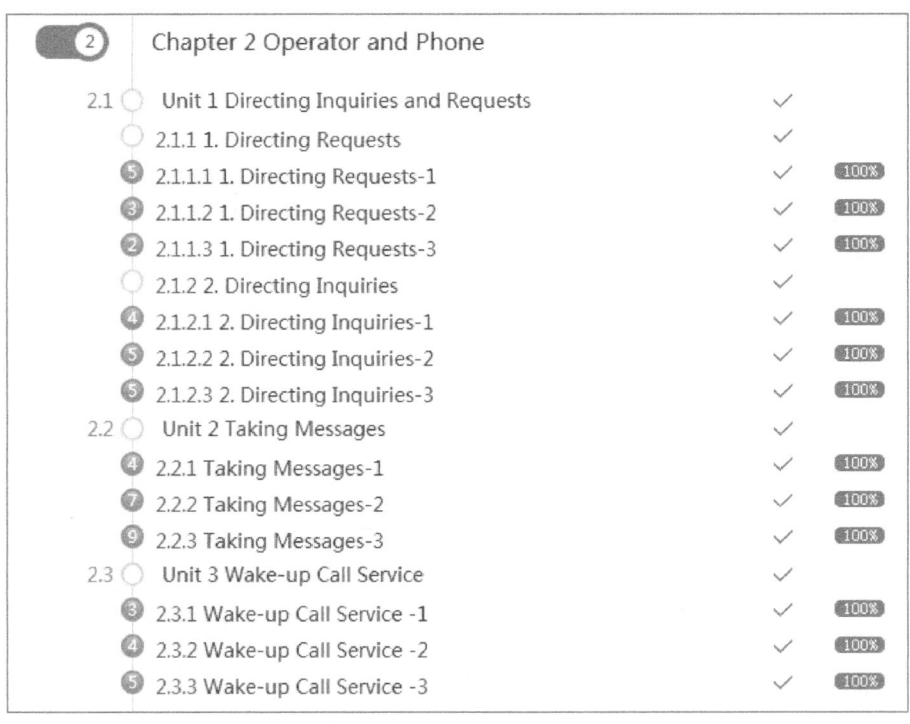

图 5-3　中职旅游情境英语网络课程第 2 章节目录

从第 2 章节框架可以看出中职旅游情境英语网络课程内容框架的结构树，如图 5-4 所示。网络课程内容的树干是前厅服务篇，树干的下属层级是主树枝，即章层级，共八章。主树枝的下属层级是次主树枝，即单元层级，各章节包含的单元数不同，因此主树枝的分叉情况会有所不同。次主树枝有的再次分叉成次树枝，即子单元层级。无论是否有子单元，最末梢到树叶层，即小节层级。各节点下属到树叶层，都统一分叉为三片树叶，即预习新知小节、强化重点小节和操作难点小节。由此形成中职旅游情境英语网络课程内容框架的结构树,从树干到树枝再到树叶层级分明。因各章节分叉情况不同,使结构树显得错落有致,枝繁叶茂。

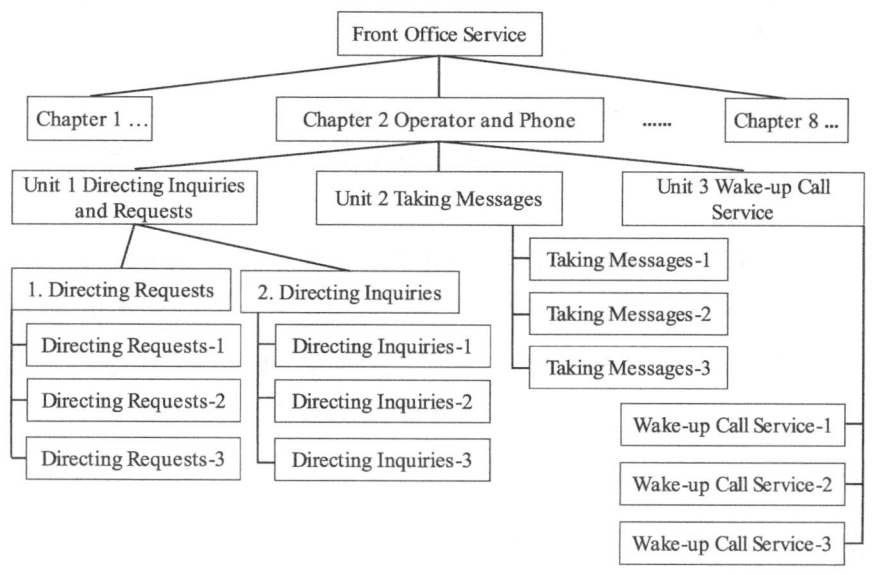

图 5-4　中职旅游情境英语网络课程内容框架的结构树

纵观中职旅游情境英语网络课程内容整个框架,前厅服务篇下属有 8 章,第 1 章有 1 个单元,第 2 章到第 6 章都各有 3 个单元,第 7 章有 2 个单元,第 8 章有 4 个单元,共有 22 个单元。需要说明的是第 8 章为总复习,下属的 4 个单元是本网络课程中唯一没有树叶层级的章节,所以全篇中一共 18 个单元下至树叶层级。本网络课程内容框架与《饭店服务实用英语》教材相比有所变化,除了网络课程内容增添了第 7 章和第 8 章以外,对教材第 5 章礼宾服务的框架也略作改动。在第 3 单元票务服务中,将教材中的两个子单元票务咨询和订票合二为一。原因有二,其一,教材中的两篇课文内容显得有点冗长,但两者实质上是一样的,宾馆客人都想订票。其二,目前外籍客人在中国订票已经越来越便捷,而教材内容还停留在以前的订票方式,所以有必要加以改动,合并成一篇更符合当下订票方式的对话。

5.2　旅游情境英语网络课程单元学习资源的设计

在中职旅游情境英语课程混合式学习"三部曲"模式下,网络课程依托"易乐学习社区"平台,以单元或者子单元为一个学习环,以预习新知、强化重点和操作难点三个树叶层级构成一个完整的单元学习环,循环推进网络课程学习。因此,在本网络课程内容框架下的单元学习资源设计关系到学生如何具体开展网络学习。

本网络课程的单元学习资源丰富,强调听说训练,以视频、音频、图片、文本和表格等多种形式,对学生产生多重感官刺激,满足个性化学习需求,帮助学生理解课文,加深对知识点和技能点的印象,以便更好地运用于工作场景中。同时,配套相关章节测验,学生即学即练,及时检验并巩固所学知识和技能,通过评价反馈促进网络课程学习。

但是,网络课程的单元学习资源具体选用或者编辑什么内容为佳?以何种具体的形式为宜检测对学习资源的掌握情况?按怎样的先后顺序妥善编排单元学习资源?这些都离不开对单元学习资源的设计。现以"第4章 接待与入住登记"的"第1单元 常规入住登记"为例,分预习新知、强化重点和操作难点"三部曲"来详细陈述本网络课程的单元学习资源的设计。

5.2.1 预习新知阶段学习资源的设计

"常规入住登记"的"预习新知阶段"网络课程学习的主要目的是使学生了解入住登记的工作场景,初步理解课文内容,熟练课文词汇的中英文表达,知晓拓展词汇。为此,按学习顺序设计以下学习资源。

1. 视频资源的设计

因网络课程的学习先于面授课堂的学习,作为第一步预习新知阶段的网络课程学习就是单元学习的开始。为了让学生对相关主题有一个整体概念,视频资源是最佳的学习选择,如图5-5所示。英语视听资源给学生提供了解真实的入住登记工作场景的机会,增强学生的感观认识,由于学生没有酒店前厅部门实习的工作经验,视频是将学生带入工作场景的最直接而且简便的方式。学生通过看和听酒店前台服务人员与前来办理入住登记客人之间的英语对话,能粗略知晓酒店办理入住登记时的一些必要的环节以及前台服务人员在为客人办理入住登记时提供的服务。

学生观看视频后,随即做配套的视频理解练习,这一练习适宜采用单选题的形式,学生只需要达到听懂视频的大致内容就可以,而且单选题的题干和选项能给学生提供一些线索,帮助学生更好地理解视频。学生还可以通过回看的方式,重听与配套练习相关的内容。播放设置勾选防窗口切换功能,允许学生在任意点位重看视频,但不允许切换到其他窗口,以避免个别学生投机取巧。由于练习为客观题,系统会自动批阅。在高级设置中,勾选"允许学生查看答案""允许学生查看分数",学生提交后就能看到

第 5 章 基于"三部曲"模式的旅游情境英语网络课程开发

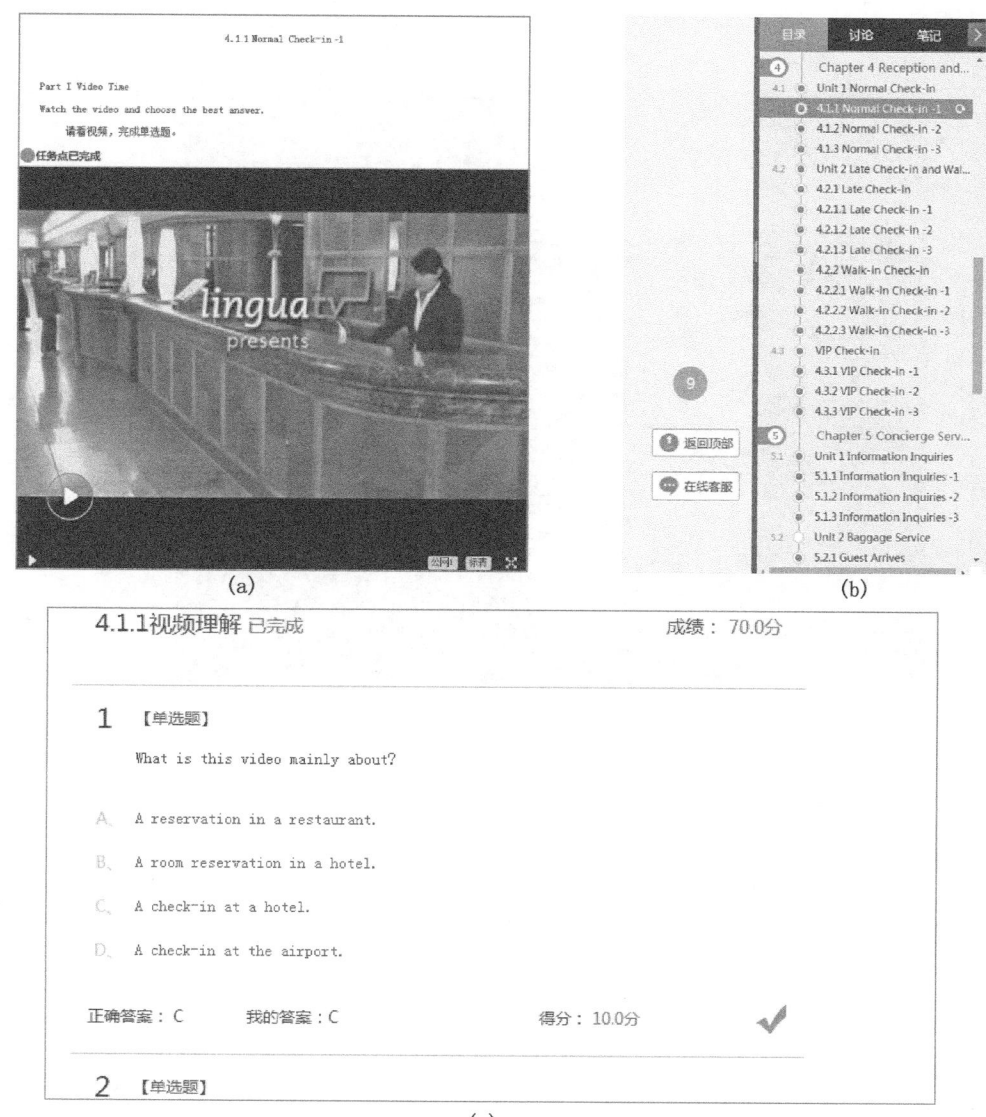

图 5-5 视频资源的设计

答案,便于学生即时了解自己理解上的偏差。

2. 图片资源的设计

在视频帮助学生建立起整体概念的基础上,需要学生辨识入住登记时会接触到的实物。视频中没有实物的特写镜头,因此,设计相应的实物图片配中英文表达,图片与文字同时出现,有利于学生对文字的识记,多张图片适合用 PPT 串成一组。PPT 学习资源的设计不宜过长,如图 5-6(a)只有 7 页,首页为主题页,所以实际上只有 6 张图片和相应文字需要识记。在 PPT 制作上应以图片为主、文字为辅,以适合中职生的学习

图 5-6 图片资源的设计

特点,因为太多的文字会影响学生的学习持续力。英文文字学习最好是配图,实物图片对大脑的刺激和记忆留存率远超文字。做到图片大而清晰,文字简洁,学生就容易通过脑海中的图片记起相应的文字。此外,PPT切入点要小,集中说明一个知识点或技能点,内容设计务必符合碎片化学习的特点。

练习适宜采用连线题形式,目的是帮助学生能将感性的图片信息转化成抽象的文字信息,匹配实物的中英文表达。如图5-6(b)的配套练习,在没有图片的情况下,学生能把英文Registration card与中文登记卡相匹配,让学生在中英文表达之间建立起连接。

3. 课文词汇音频资源的设计

通过学习入住登记的英语视频和PPT实物的中英文表达,学生对办理入住登记这一工作任务已经有了较为直观的认识。在学生具备一定知识背景的前提下,进入教材内容的学习,其认知负荷会小得多。在听课文音频之前,学生需要先扫除课文中的词汇障碍。中职学生背单词非常困难,因此积极性也不高。教材上的单词,几乎没有学生会听着教材音频背单词的。学生懂音标的不多,能准确发音的更少。望词生音,久而久之留存错误的发音,影响听力理解和口语交流。单词拼写是中职生的又一难题,缺胳膊少腿的情况比比皆是。因此,将教材课文词汇的音频截取,放到网络课程中,并且作为一个任务点,要求学生模仿跟读,了解词意,学会拼写,并熟记。

由于要求学生熟练掌握课文词汇的中英文表达,包括英文拼写,所以常用词汇练习设计上适宜采用填空题的形式,有几种填空题测试方法,如图5-7所示。单词练习可以显示英文单词,要求写出中文;也可以给出中文,要求学生拼写英文单词;还可以播放单词音频,要求学生拼写单词或写出中文意思。若采取听音频拼写单词或者写出中文意思的方式,教师需要事先将课文的每个词汇音频单独剪辑出来。由于答案变化有限,可以作为客观题。系统能够接受几种可能的答案,填空题系统判分非常严格,不允许半点差错,漏写一个字母,多一个空格,大小写错误都会判为错误,这样也促使学生学会更加严谨细心。在练习设置上,可以设为允许重考,学生如果对自己的成绩不满意,可以反复重考,这一设置适合机械记忆的练习,通过重复练习加强记忆。常用词汇的练习设计督促学生看教材听音频,让他们记住课文单词,越过背单词的障碍。

4. 课文音频资源的设计

音频理解与视频理解相类似,适合专业英语的视频资源有限,除非自己拍摄,相对而言,音频资源更多。课文配套的音频是每个单元最有保障的音频资源,应当有效利

图 5-7　课文词汇音频资源的设计

用。课文词汇熟悉后，学生更容易理解课文音频。但是有时为了追求内容的完整性，教师会对课文音频进行改编，如图 5-8 所示。"常规入住登记"的课文音频经过重新编辑，内容与教材原文略有不同。如，在客人来前台要求办理入住登记时，添加了询问客人的预订信息确认号，这样很容易获得客人预订的具体信息。又如，等客人在入住登记卡上签名后，把原文中客人问"是否需要我的信用卡"改成"前台服务员请客人拿信用卡"。两处改动使对话更符合常规入住登记的工作流程。为了保持与原课文音频的声音一致，从其他单元截取对应语句，添入课文音频。经过编辑修改过的音频更能考验学生是否认真听网络课程的音频。

图 5-8　课文音频资源的设计

一般情况下，音频理解的练习形式可以与视频理解的练习形式一样，采用单选题。但是在命题侧重上应有所不同。视频理解练习以学生粗略了解视频内容为目的，而课文音频理解需要侧重细节，学生都已经对工作任务有了初步了解，而且已经熟悉了课文词汇,需要更进一层理解课文的细枝末节。在命题上,尤其对修改处要设题,引导学生不要想当然地光看教材文本就作答,并且能够思考为什么这几处要加以修改。

5. 表格资源的设计

入住登记卡填写是对课文理解的延伸,《饭店服务实用英语》教材中没有表格填写要求,但是出于实际工作场景的操作要求,有必要增加这一环节。学生一方面通过模拟的入住登记表了解酒店入住登记表的基本格式和内容,另一方面进一步理解课文对话信息如何转化成入住登记表的文字信息。由于酒店运营系统会自动将客人的预订信息填入入住登记表中,所以前台服务人员在为客人办理入住登记时没有必要填写整张表格。对前台接待员而言,需要认清客人的姓和名,因为与中国人的姓名顺序相反。需要正确获取预订信息确认号,这样就有具体的房型、入住日期、房价以及客人的个人信息等。需要填写的部分是客人的支付方式、客人的签名和前台接待员的签名。因此,这些关键性的点位就是入住登记卡填写的练习部分,如图5-9(a)所示。

表格填写练习遇到的麻烦是平台没有现成的网络填表功能,学生无法直接在表格框内填入信息,而是需要充分利用平台现有的功能进行创造性的设计,在表格下方添加章节测验。由于表格中既有勾选的项目又有需要填写的项目,为了同时满足这些要求,采用题型混合编排,如图5-9(b)。第一题需要勾选客人的支付方式,那么选用单选题形式,第二题需要填写客人的姓就选用填空题形式,单选题和填空题放在一个章节测验中,都为客观题。

Registration Card

Surname Name:	First Name:
Gender:	Confirmation No.:
Type of Travel Document:	No. of Travel Document: 12345
Arrival Date: Oct. 23rd	Departure Date: Oct. 26th
Room Type: Single Room	No. of Rooms: 1
Smoking Room ☐	Non-smoking Room ✓
Room No: 1706	Room Rate: RMB 600
Airport Pick-up Service: Yes ✓ No ☐	Airport Send-off Service: Yes ✓ No ☐
Arrival Flight: BA126	Departure Flight: BA127
Company: ABC Corporation	Tel: 001-210-5556532
Address: No. 283 Green Street, NY	
Form of Payment: ☐ Credit Card ☐ Cash ☐ Voucher ☐ Charge To _____	Guest Signature: _____ Receptionist Signature: _____

(a)

```
4.1 听力 已完成                    成绩：62.5分

1  【单选题】
   Form of Payment:
A. Credit Card
B. Cash
C. Voucher
D. Charge To _____

正确答案：A    我的答案：A        得分：12.5分  ✓

2  【填空题】
   Surname Name（姓）：

正确答案：
第一空：Gaynor

我的答案：                              得分：12.5分
第一空：Gaynor                          ✓
```

(b)

图 5-9　表格资源设计图

6. 拓展词汇音频资源的设计

学生已经熟悉课文的常用词汇，并且理解课文内容，在这基础上，学习课文的拓展词汇。学习拓展词汇对学生的要求较高，根据具体的拓展词汇难易度来决定需要学生达到什么学习程度，如果词汇较为简单，而且量不多，可以要求学生看中文辨识英文。如果词汇较为复杂，或者数量较多，可以要求学生看英文辨识中文。但都需要达到最基本的朗读要求，与课文词汇音频一样设为任务点，同样要求学生模仿跟读，了解词意。

对于只需要达到辨识程度的拓展词汇，没有拼写要求，可以采用单选题的形式，减轻学生记忆负担。也可以采用连线题的形式，连线题的优势在于可以同时测几个拓展词，命题难度低，不需要像单选题那样设干扰项。但连线题不适合一次测太多的拓展词汇，战线太长容易看混。在高级设置中，与课文词汇练习相同，允许学生重考。

5.2.2 强化重点阶段学习资源的设计

第1单元"常规入住登记"的"预习新知阶段"解决了课文理解和词汇问题,因此强化重点阶段网络课程学习的主要目的是熟记关键词组和关键句子,并且学会运用课文的语法知识点。为达到这一目的,按学习顺序依次进行学习资源的设计。

1. 课文音频资源的设计

课文音频在单元强化重点阶段出现与在单元预习新知阶段出现的性质完全不同。在单元预习新知阶段的课文音频资源是为了学生能理解课文的基本内容,属于对课文学习要求的基础层面,只要求学生听懂。而到了单元强化重点阶段,要求学生开口,不仅要模仿课文音频跟读,而且要正确朗读,并达到流利的程度。因此,可以将改编后的课文音频设置为一个任务点。

检测可以要求学生录制自己的课文朗读音频,并以作业形式上传。由于课文朗读音频不是客观题,因此可以采用师评和学生互评的方式加以评判。学生互评有多种形式,第一种是学生之间开展盲评,事先设置每个学生以匿名的方式给班级中五个学生的课文朗读音频打分,随机分配。第二种为由学生所在小组的小组长负责制,小组长给每个组员打分,小组长的音频由教师打分。第三种,小组间互评,为避免学生瞎打分,一旦发现有恶搞的学生,可以罚其禁止打分一轮。

2. 课文词组资源的设计

课文词组与课文的常用词汇和拓展词汇都有所不同,虽然课文的常用词汇和拓展词汇里经常也会出现词组,但是选择的侧重点不同。课文的拓展词汇是课文之外的词汇,而词组一定是出自课文,所以两者不会有交集。然而,课文词组与课文的常用词汇也不会产生交集,这是因为一般情况下词组选取的是流程中的一个点,也就是关键词组,有动词固定搭配和专业短语等。而课文常用词汇如果是词组的话不一定是流程的点,如果碰巧也是流程中的一个点,那么课文词组就不会再重复选用了。在课文词组的个数上不宜过多,词组的记忆负荷本身就比词汇大,个数一多,学生很容易就放弃,没有起到学习的效果。应抓住关键,兼顾细节。这样才符合中等职业学校学生的认知规律,才能使学生有信心完成课文词组任务点的学习。

课文词组练习与课文常用词汇练习的测试有相似之处,目的是达到熟练掌握的程度。因此,课文词组练习也适合选用填空题的形式。由于课文词组范围窄,相对变异小,系统能够对客观题自动判分。也通过填空题的磨炼,强化了学生拼写能力。在课文词组练习中,词组选取宜短不宜长。可以采用中英互译的形式,以中译英为主。对于那些字面意思与实际意思有差距或不能一一对应翻译的词组需要倍加重视。如,常规入住登记的课文中有词组 room rate,这里的 rate 就不是比率的意思,而是指价格,所以词组的意思是房价。在设置上,允许学生重考,勾选题目乱序。

3. 课文语句资源的设计

学生具备了学习课文关键词组的基础,再掌握课文的关键句就会学起来容易得多。虽然课文的关键句一般都比较长,但是有了关键词组的支撑,学生再掌握一些句型,关键句就能说得出来。关键语句是课文对话的工作流程具体的表现形式,如果学生能够流利地说出关键句子,那么整个对话就基本上能说下来。因此,关键语句起到承上启下的作用。当然,除了课文对话的关键语句之外,还有一些难句和拗口的长句需要学生能理解,至少了解中文意思,也就是达到辨识层面。

但是在课文语句的检测练习形式的选择上有一定的难度,填空题型不合适,因为句子总比词汇或者词组长得多,学生输入文字时很容易出现错误,要么拼写错误,要么格式错误。学习平台尚不能智能判分,只要与答案不一致,就不得分,容易挫伤学生积极性。而且,课文关键语句更注重学生能流利地说出来,而不是书写出来。再者,那些课文对话中的难句也不需要书写和说出,只要求理解,所以也不应该选择填空题型。参照考证翻译,这部分内容的检测形式是选择题,网络课程课文语句以选择题最适合,可以采用中英互译的方式。在高级设置时,勾选打乱题目顺序并打乱选项顺序,允许重考,促使学生留意选项间的差异,正确理解句子,找出确切的表达语句。

4. 课文语法资源的设计

课文对话中的关键语句如果死记硬背的话,记忆负担会重,而且容易前背后往,记忆难以持久留存。那么学习课文的语法可以帮助学生在理解句子结构的基础上记忆,在脑海里已经对新的信息形成意义建构,不仅记忆负担要轻得多,而且记得牢。但是,对中等职业学校的学生来说,学习语法又是一件很痛苦的事情。教材把语法讲解放在课文注释中,通常情况,中职学生没有耐心细看密密麻麻的注释,对里面的语法术语更是一头雾水。但是这些语法知识点不学还不行,因为中职旅游情境英语课程中的英语更强调礼貌用语,语句表达复杂,语法相对偏难,远超出初中阶段的语法要求,个别语法知识点超出高中阶段的要求。如:Will you be needing anything else?(您还需要别的吗?)"will be doing"将来进行时用来表示非常礼貌地询问客人未来的计划。在酒店对客接待中,这种礼貌表达显得尤为重要,让客人感到倍受尊重。

为了解决学生需要学习酒店服务用语中的语法知识但是学语法又很困难的矛盾，在网络课程的强化重点阶段用直接做语法练习的方式，而不是再去重申一遍课文注释的内容。将课文注释中的例句改编成语法练习题，让学生在"做中学"，并且在句子的语境中辨别语法，引导学生去思考为什么，这样学生就容易接受，不懂的题目回到教材中去学，从而倒逼学生去看课文注释的内容。由于不是看整个课文注释的内容，而是看课文注释中的一个片段，学生会更有信心和耐心去理解课文注释想表达的含意，通过这种方式达到强化课文注释的目的。在题型选择上，采用语法单选题；在高级设置上，勾选打乱题目和选项顺序，防止死记硬背，允许重考，帮助学生自主掌握课文注释的内容。

5.2.3 操作难点阶段学习资源的设计

承接第一单元"常规入住登记"的"强化重点阶段"解决课文对话的关键词组和关键语句熟记以及语法知识点的运用问题，在网络课程单元学习的最后一步"操作难点阶段"的任务就是理清工作流程，以前台服务员的身份进行课文对话，并编写情境对话。因此，按学习先后顺序设计学习资源。

1. 工作流程资源的设计

学生头脑中的常规入住登记的关键词组和关键语句如果没有按照一定规则串联起来，就是一盘散沙，致使学生在实际运用过程中无从调取头脑中的记忆。而这一规则就是常规入住登记的工作流程，学生需要在开展对话操练前先梳理工作流程，这样就可以避免学生对话说到一半却不知道接下来要干什么的情况发生。

网络课程的工作流程练习适宜用中文表示，一方面可以照顾到英语水平比较薄弱的学生，便于他们看懂，另一方面中文所占据的空间要比英文文字短得多，便于编辑题目。工作流程练习的题型宜选择填空题，如图5-10所示。事先乱序列出流程的各个环节，如常规入住登记的工作流程共有11个步骤，将流程的步骤写出来，一方面降低流程练习难度，学生不必先费神想出这11个步骤，另一方面引导学生根据提示填空，文字表述上就可以避免五花八门，系统才可能自动批阅填空题。学生在输入每一格填空内容时，都在比较、思考和记忆，更容易掌握正确的工作流程。

2. 流程语句资源的设计

学生在记住工作流程之后，还需要解决一个障碍，就是要将工作流程与对应的英语表达语句建立联系。流程语句资源的设计是让学生经过训练以后，一看到工作流程

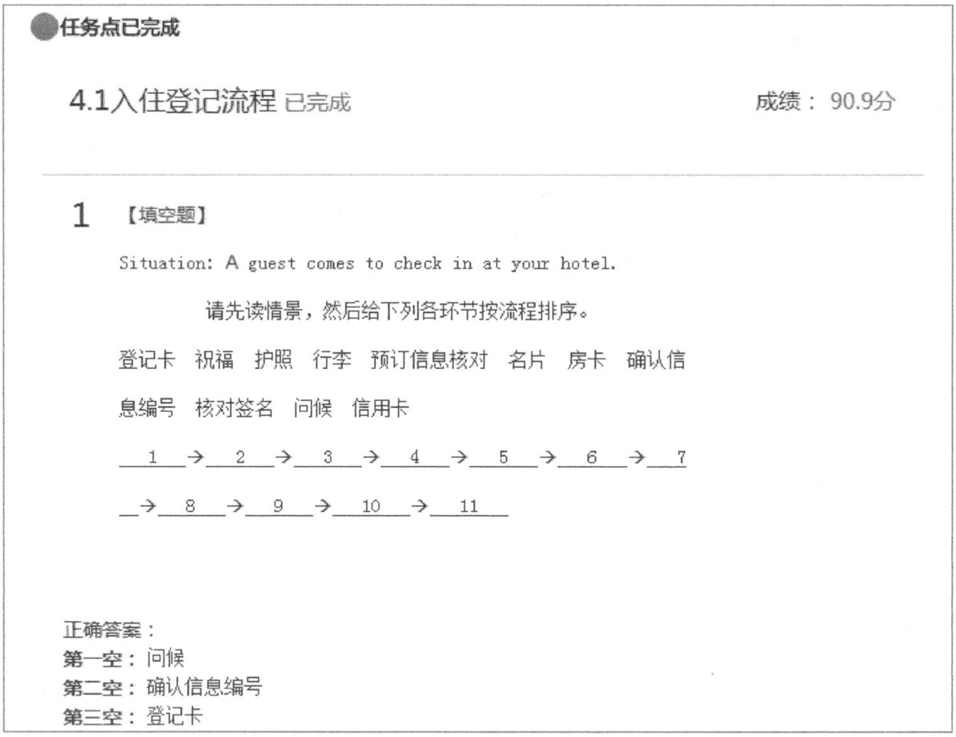

```
● 任务点已完成

4.1 入住登记流程 已完成                    成绩：90.9分
_____

1  【填空题】
    Situation: A guest comes to check in at your hotel.
        请先读情景，然后给下列各环节按流程排序。
    登记卡  祝福  护照  行李  预订信息核对  名片  房卡  确认信
    息编号  核对签名  问候  信用卡
    __1__ → __2__ → __3__ → __4__ → __5__ → __6__ → __7__
    → __8__ → __9__ → __10__ → __11__

    正确答案：
    第一空：问候
    第二空：确认信息编号
    第三空：登记卡
```

图 5-10　工作流程资源的设计

中的某一个步骤就能马上联想到相关对话语句。因此，需要设计工作流程与对话语句之间的配对练习，使学生头脑中记住记忆单位最小的工作流程，当进展到工作流程的各个步骤时，自动像按钮那样开启相对应的英语语句表达。这样，不仅减轻记忆负担，而且使记忆空间中的对话语句排序更有规律。当需要记忆的对话越来越多时，学生只要紧紧抓住每个对话的工作流程，随时提取记忆库中的语句，再多要求记忆的内容也不用担心张冠李戴，不会一团乱麻。

工作流程与对话语句之间的配对练习采用连线题，降低学习的难度，这时的流程与之前练习的流程填空题有所不同，配对练习中的中文步骤是遵循工作流程排序的，学生再按照正确的工作流程步骤寻找相对应的英语表达句。连线题型既有利于学生巩固工作流程中各步骤的顺序，又帮助学生了解且熟悉对话所需的英语语句。

3. 对话配音资源的设计

学生梳理了工作流程和相对应的英语语句，还需要实践运用到为客人办理入住登记的对话中。中职旅游情境英语课程要求加强口语操练，尤其是对话操练，但是面授课堂时间毕竟有限，学生课外自主学习时往往没有同伴进行对话，如何充分利用网络课程,加大对话操练的力度呢?为突破网络课程对话式口语操练技术上的瓶颈,需要有创新意识,对课文音频作改造。将已经改编过的课文音频再编辑成留空音频,只保留对话的情境描述和客人说话部分,将服务人员的音频删除,但是静音留出原有服务人员说话的时长,如图 5-11(a)所示。提供的留空音频便于学生进行自我对话操练,可以由学生自己决定操练的次数。在播放留空音频时,学生以前台接待员的身份与机器对话,在留空处补上服务人员应该说的内容。由于留空音频与改编过的课文音频时长相同,学生还必须达到一定的流利度,才能跟上留空音频的节拍。不过人机训练,学生不必担心没有陪练者,也不用因担忧自己进步慢而产生焦虑情绪。虽然对话语句在留空音频中不会改变,但是训练了学生将所学运用到了入住登记的对话中,走出了至关重要的一步。

对话配音的检测形式是要求学生为留空音频配音时,录制成视频,如图 5-11(b)所

图 5-11 对话配音资源的设计

示。学生上传的配音视频文件必须写明小节编号、姓名和班级。选择视频形式上传而不是音频形式,是为了更加突出口语对话时的神情举止,增强服务规范意识。从题型角度看,由于没有相对应的题型,在题型功能中选择"其他"题型,上传的视频可以作为学生间互为学习的生成资源,开展互评活动。同时,教师可以打分并留下评语,给予学生反馈。

4. 对话情境资源的设计

在练熟课文对话的前提下,学生可以再向前迈进一步,根据对话情境自己编写对话,实现知识迁移。对话情境资源的设计应该相对宽泛一点,留出一定的细节空间,由学生自己来填补,如图5-12所示。给出的对话情境是一位预订过的客人前来宾馆办理入住登记,只对客人限定为预订过客房的,客人具体的预订客房的房型、房价、日期信息、客人姓名和护照号等个人情况的信息以及客人是否需要送机服务和飞机航班等

图 5-12 对话情境资源的设计

信息都留给学生自己发挥想象空间,同时也鼓励学生创新,思考在为客人办理入住登记时,可以提供哪些适切的温馨服务。这样,对话编写成为学生根据给定的情境进行自我创作的过程。由于每个学生编写的对话具体内容各不相同,构成信息差,在做两两面对面操练时,学生需要认真倾听对方的话语,并迅速做出反应,尤其是扮演前台接待员角色的学生需要有职业服务规范意识,要学会面对不同要求的客人培养自己灵活应变的能力,要有提供温馨服务的创新意识,使客人感到宾至如归。

情境对话编写练习的作品采用论述题形式上传,任课老师批阅打分,并批语备注,学生端可收到教师评价反馈,如图 5-12 所示。同时,上传后开展作业盲评活动,设置每个学生匿名批改五个同学,增强互动,促进互学。待学生完成作品上传后,可以查看参考模板,对照自己编写的内容进行自我检查,如果有遗漏的点,允许学生修改文本后再次上传。但不允许学生照搬照抄参考答案,鼓励学生对话编写务必要有自己的特色。参考答案只是达到基本要求,工作流程完整,内容正确。对不仅达到基本要求而且有创新点的对话编写文本予以表扬,并给予高分。

5.3 旅游情境英语网络课程学习评价体系的设定

学生学习中职旅游情境英语网络课程的全过程在"易乐学习社区"数字化学习应用平台都留有数据,便于教师对每个学生做出客观、公正的网络课程学习评价。但是面对大量的、多品种的数据,如何充分利用,确定何种权重,来合理反映学生网络课程的学习情况呢?因此,需要设定中职旅游情境英语网络课程的学习评价体系。评价体系的评价对象是参加中职旅游情境英语网络课程学习的学生,评价主体是实施中职旅游情境英语课程混合式学习的任课教师。评价的性质属于中职旅游情境英语课程形成性评价中网络课程学习部分,不包含对面授课堂学习的形成性评价,也不属于中职旅游情境英语课程的总结性评价。网络课程的学习评价形式多元化,包括机评、生生互评和师评,分组任务还可以实现自评。

如图 5-13 所示,网络课程学习评价体系由三部分构成,即自主学习投入度情况占 20%、互动交流参与率情况占 20% 以及学习成果得分情况占 60%。网络课程学习成果得分情况之所以占比是其他两个部分的三倍,是因为在整个网络课程学习过程中,网络课程学习成果最能说明网络课程学习的成效,并且其他两个部分自主学习投入度情况和互动交流参与率情况或多或少在网络课程学习成果中也有体现。现对网络课

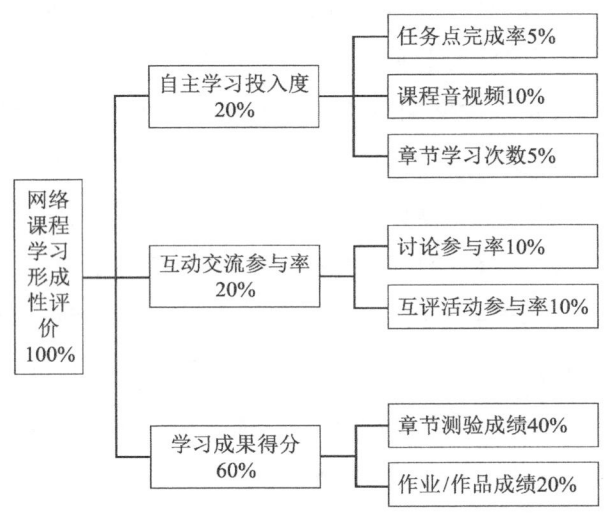

图 5-13 中职旅游情境英语网络课程学习评价体系

程学习评价体系三个维度分别作详细阐述。

5.3.1 自主学习投入度

在中职旅游情境英语网络课程学习评价体系中自主学习投入度情况占 20%，比例不算高，但也不可忽略，因为 20% 的占比很可能就是良和中的分界线，也可能是及格和不及格的分水岭。自主学习投入度情况关注学习者在网络课程自主学习中所投入的时间和精力，由任务点完成率情况 5%、课程音视频播放情况 10%、章节学习次数情况 5% 的数据来体现。课程音视频学习情况相对而言占比高是因为音视频是网络课程两个最重要的学习资源，网络课程主要的知识点和技能点是通过音频或者视频学习资源传递的。

任务点完成率情况包括视频播放、音频播放、PPT 翻页和章节测验的完成情况，其中音视频和 PPT 可以选择是否作为任务点。但一般情况下会勾选，因为任务点的标志很明显，没有完成就是橘色的点，完成就变成绿色的点。如果音视频选为任务点，在统计数据上与单独的课程音视频播放统计会有部分重叠，但是影响不大。以上一节阐述的第 4 章接待与入住登记第 1 单元常规入住登记为例，该单元一共有 20 个任务点，其中视频 1 个任务点，音频 5 个任务点，占单元任务点的 30%，但是任务点完成率占网络课程学习评价体系的 5%，折算下来重叠统计占 1.5%，占比很低，从另一个角度看进一步增加了课程音视频播放的权重，更加突出音视频的重要性。

课程音视频播放情况不单单统计音视频播放的完成情况，还包括视频观看的时长。正常情况下，观看的时长越长，投入的时间和精力越多，对学生观看视频付出的努力的认可度越高。

章节学习次数情况也与任务点完成率情况有一点重叠，但是还是有较大的区别。学生可能多次访问网络课程，浏览了很多章节，但是没有去做任何一个任务点，那么数据显示章节学习次数多，而任务点完成情况就为零。这是较为极端的例子，一般情况下，两者是呈正相关关系。

5.3.2 互动交流参与率

互动交流是指在网络课程学习过程中学生不是独立学习而是与同伴或者教师开展线上交流。互动交流可以是同步或者异步线上交流。互动交流参与率占网络课程学习评价体系的20%，占比与自主学习投入度情况相同。占比虽然不高但也不容忽视，互动交流参与率反映学生协作学习能力、评价他人的能力和自主提问能力，因此也是网络课程学习过程中不可或缺的一个方面。互动交流参与率包括讨论参与率情况占比10%和互评活动参与率情况占比10%。两者占比相等是因为在网络课程单元学习中讨论的次数与互评活动的次数基本相等。如，第4章第1单元"常规入住登记"网络课程学习过程中有主题讨论1次，征询提问答疑2次，互评活动3次，其中提问答疑归为讨论参与率。由此可见，在这个单元的网络课程学习中讨论的次数与互评活动的次数一样。

讨论参与率情况是根据讨论的发帖数和发帖质量来统计的，发帖数包括发表讨论和回复讨论。发帖数由平台统计，发帖质量由教师评判。因学生提问是由教师发起对某一小节以答疑为主题的讨论，所以提问视为讨论的一种。这种提问形式一名学生提问全班都能看到，方便有类似问题的学生从中获得解答。当然，不外乎有学生通过微信或者QQ与教师私聊，教师可以视情况而定，适当予以加分。但是教师还是应当鼓励学生在班级答疑讨论中提问，更加鼓励有能力回答同学提问的学生做出解答，这样共性问题解答效率更高，而且提供了学生教授他人的机会。讨论活动不仅限于由教师发起的全班讨论，还有线上的分组讨论，完成小组协作活动，教师都可以获得过程信息。

互评活动指学生上传的作业或者作品应教师要求开展给其他同学打分的活动。一般情况下，上传的作业或者作品都需要主观判分，教师在给予师评的同时，组织学生开展互评活动，事先发布评分量表，明确具体的采分点。互评活动有自由互评和随机互评两种。自由互评是学生可以任意选择班级其他同学的作业或者作品进行评分，随机互评是教师设置盲评,如,每个学生匿名批改 5 个同学的作业或者作品,由平台随机分配。被评的学生看不到哪 5 个同学打分,这样评分学生可以解除顾虑,教师可以看见所有信息,评分可以更加公平、公正。互评活动参与率情况不仅仅看学生是否参与了互评活动,而且包括学生是否有瞎评的行为,凡是发现有恶意评分的学生除思想教育外,会有停评一段时间的惩罚。

5.3.3 学习成果得分

学习成果得分指章节测验成绩和作业或者作品的成绩。这两种成绩都认为是网络课程学习的成果,是检验学生掌握网络课程学习内容的情况。学习成果应当隶属于中职旅游情境英语网络课程学习的形成性评价。

章节测验放在网络课程的每一小节内,往往与学习资源相配套。章节测验可以分为两种,一种是客观题测验,一种是主观题测验。如果主观题需要开展互评活动的,那么就要求学生以作业形式上传,作业经过教师设置后其他学生也能看到。章节测验成绩占网络课程学习评价体系的 40%,为占比最大的一项,因为章节测验出现的频率最高,在网络课程的每一小节都有多个章节测验。

作业或者作品为主观题,需要人工评分,可以师评,也可以学生互评。因是主观评分,需要有评分量表,教师在发布作业或者作品要求时就应该同时发布评分量表,使学生事先知晓评分细则,要求学生按要求完成任务,确保质量。作业或者作品的评分量表中应包含是否按时提交的指标项,如果需要上网查找资料的,那么也应当纳入评价指标中。在评分时,可以同时给予批注。作业或者作品成绩占网络课程学习评价体系的 20%,相比章节测验,作业或者作品要求提交的次数要少得多。

第 6 章　旅游情境英语课程混合式学习"三部曲"模式实践

中职旅游情境英语课程混合式学习以上海市旅游行业饭店外语等级考试指定教材《饭店服务实用英语》的前厅服务篇学习内容为蓝本,实施网络课程学习与面授课堂学习相结合的混合式学习。在第一轮先导研究的教学实践探索过程中逐渐形成以单元为单位的"三部曲"混合式学习模式,并对网络课程和面授课堂教学做出调整。第二轮正式研究将以实验对照的方式对中职旅游情境英语课程混合式学习"三部曲"模式加以应用并进行效果研究。

6.1　旅游情境英语课程混合式学习实践对象

实践研究历经两轮探索,参加第一轮实践研究的是实验试点班 15 级旅外班,第二轮实践研究的实验组是 16 级旅管 1 班,控制组为 16 级旅外 1 班。虽然控制组的班级没有参加中职旅游情境英语课程混合式学习,但是作为第二轮实践研究的控制组,同样有必要做学生情况的具体分析。下文从一般特征分析、先验知识分析和学习风格分析三方面对以上 3 个班级做学生特征分析。

6.1.1　一般特征分析

一般特征分析是对班级学生的基本情况作学情分析,从班级人数、性别比、年龄、受教育性质、生源和专业等角度对 3 个班级进行学情分析。

1. 班级人数和性别比

第一轮实验试点班 15 级旅外班共 34 人,其中男生 12 人,女生 22 人。第二轮实验组16级旅管1班共36人,其中男生8人,女生28人。控制组16级旅外1班共22人,其中男生3人,女生19人。在上海地区的中等职业学校中,班级人数35人左右比较常见,控制组人数偏少。3个班级男女生比例明显失调,以女生为主。

从课堂教学角度,16级旅外1班22人的小班教学比35人左右规模的班级更容易开展课堂教学活动,客观上每堂课平均每个学生发言的时间更多。男女生比例失调问题在英语语言学习上是件好事,在英语学习成绩上女生要比男生好,因为女生相对男生而言更耐心、更愿意花功夫学习语言,而英语语言学习对操作技能要求不高,不像工科类专业对动手能力要求高,因此男生无法发挥动手能力强的优势。

2. 年龄

3个班级中绝大多数的学生都是按照正常的入学年龄就读的,实证研究阶段安排在第三学期,绝大多数学生在这个阶段年龄是16岁或17岁。

从年龄看,3个班级的学生在接受实证研究阶段属于同一个年龄层,同龄人之间共同语言多,兴趣爱好会趋同。但16至17岁的学生仍处于青春逆反期,他们不盲从权威,容易抵制教师的批评,出现偏激行为,拼命维护自尊心,因此,教师镇压式的管理反而效果不理想,容易造成学生因不认可任课教师而索性放弃该门学科的现象。实证研究阶段在第三学期,3个班级都刚升为二年级。对三年学制的教育来说,二年级是最难管理的年级。二年级学生不同于一年级新生对新环境有本能的自我约束,希望把自己最优秀的一面表现出来,博得新老师和新同学的赏识;也不同于三年级的临近毕业生,对自己的未来去向很明确,并愿意为之付出努力。二年级学生已非新生,互相之间很熟悉,对学校的新鲜感已过,也很了解学校的日常校园生活,这时,学业上容易出现松懈现象,增加了教学管理难度。

3. 受教育性质和生源

3个班级学生,入校成绩与普通高中学校招生的分数相比明显偏低。同一个班级英语学科的中考成绩差距也很大,上海地区英语中考满分为150分,15级旅外班英语中考成绩极差为73分,16级旅外1班为23分,16级旅管1班为40分。从生源看,班级学生大部分为上海本地学生,个别是随迁子女(15级旅外班2名,16级旅外1班5名,16级旅管1班2名)。

3个班级学生都具有中等职业学校学生共同的特点,即学习自我管控能力较弱,习惯于被动学习,学习动力不足。对记忆量偏大的学科尤其是英语有点畏难情绪,有学生坦言"同样让我背一大堆中文我行,背英语就晕"。因此,教师需要改变方法,让"要我学"变成"我要学",提高学生自主学习的能力。中等职业学校班级成绩两头差距大是普遍现象,这种现象在中等职业学校不足为奇。班级内差距越大越需要教师差异化教学,提供个性化的指导。第一轮实证研究选择15级旅外班的原因之一就是班级内学生英语能力两头差距非常明显。但通过混合式学习,这个班级考证通过率达到100%,非常鼓舞人心。从生源信息可知,学生间没有较大的地区文化差异,即使是随迁子女,基本也在上海长大,只是为外地户籍而已。这一点为教学带来了方便,教师不必顾及地区造成的文化差异。从学习态度上看,随迁子女往往更认真,他们希望今后留在上海取得上海户籍,因此学习动力要比上海本地学生足,而且由于上海地方性政策,随迁子女不允许就读普通高中,即使成绩再好,也只能报考中等职业学校,所以有一部分随迁子女的学习能力很强,非常渴望通过曲线进入高校读本科。绝大多数学生都很关注自己未来的就业,但是都希望进入高职学习后再就业。因此,教师要把握好学生的学习动力。

4. 专业

15级旅外班和16级旅外1班都属于旅游外语专业,这部分学生都为职业中专生,是通过初中升高中的统一考试的平行志愿填报录取的。而16级旅管1班是旅游服务与管理专业,属于中职与高职贯通班,学生是通过中考填报提前批志愿录取的,在完成中职三年学习后转段升入对应的高职。两个专业虽然性质不同,但是入校进分都处于上层。每学期英语学科全校年级统一考试,15级旅外班保持全年级第一,16级旅外1班是旅游外语专业同年级中最好的班级,所以依旧稳居全校第一。16级旅管1班属于旅游服务与管理专业同年级中最好的班级,基础英语水平通常处于全校年级排名第三的位置。

因此,在第一轮先导研究中,选择15级旅外班作试点,原因是考虑到选一个英语学科成绩好的班级,其干扰因素会相对较小。在第二轮正式研究中,选择16级旅管1班为实验组,一方面意图探究混合式学习是否适合在其他专业推广,另一方面也旨在研究英语水平略低一筹的16级旅管1班经过一学期的课程混合式学习是否可能接近甚至超过本校英语水平同年级最高的16级旅外1班。

6.1.2 先验知识分析

自入校以后,旅游外语专业和旅游服务与管理专业学生的先验知识有交集也有不同的部分。下文将从中职公共文化课的英语学科学习和专业课程学习两方面进行分析。

中职公共文化课的基础英语学科按照上海市教委对中等职业学校的教学要求必须上满三个学期,第三学期参加上海市统一的中等职业学校学生学业水平考试。因此,面向所有专业的学生都开设三学期的基础英语课,而且课时量相同。2021 年上海市教委颁布新政策,从 2021 级新生开始,中高职贯通、五年一贯制和中本贯通班级不参加中等职业学校学生学业水平考试。新政策并不影响已经完成的两轮实证研究,也不会影响今后不参加学业水平考试班级,因为会有其他手段来检测他们的基础英语水平。

在教材的选择上,会根据班级的英语水平选择不同版本的英语教材。旅游外语专业和旅游服务与管理专业属于本校英语水平上层的班级,所以选择同一版本的教材。即使今后教材替换,仍然会选择同一版本的英语教材授课。从实证研究角度看,两个专业中职基础英语的先验知识一样,在实施课程混合式学习前 3 个班级学生都已经学过一学年的中职基础英语,并且第三学期仍有中职英语课程,但在此之前都没有接触过中职旅游情境英语课程。

从专业课程角度,两个专业的差异较大。旅游外语专业以英语为主要课程,因此除中职基础英语课外,从一年级开始一直开设英语听说课程和英语读写课程。16 级旅管 1 班是旅游服务与管理专业,以旅行社服务为主要专业课程。该专业学生在第一学年学过与旅行社业务有关的专业课程,但没有上过与酒店业务有关的课程,也没有上过其他中职专业英语课程,而且在实践研究之前,也没有学习其他网络课程的经验。

两个专业都选择开设中职旅游情境英语课程,都参加上海市旅游行业饭店外语等级考试饭店英语 B 级前厅部门考证,一方面使这两类专业学生持有一张最接近他们所学专业的职业岗位证书,另一方面切实提高他们的专业英语听说能力。

6.1.3　学习风格分析

从学习风格分析看,两个专业班级有很多相似点。由于两个专业客观上女生都比男生多得多,因此在学习风格上更偏向于女生。从认知能力角度看,他们对感性事物更容易理解,而理性认识能力比较弱,需要花费的时间更多,因此,教师需要尽可能地创设情境,提供直观感受。而且他们在学习上不太喜欢多动脑筋,不会主动去观察、思考问题,他们也不善于寻求多种途径来解决问题,并比较哪种方案更好。他们之中拿来主义者居多,大多数人喜欢等待老师或者同学给出现成的答案,而不是自己去探索。这种不良的学习习惯和思维方式需要教师引导、激励,推动学生学会思考,培养其自主寻找解决问题的能力。

3个班级都有视觉型学习者、听觉型学习者和动觉型学习者。有性格相对活跃的学生,也有非常内向的学生。有做事严谨、责任心强的学生,也有大大咧咧、啥事都不放心里去的学生。因此,教师在提供学习资源,开展学习活动时,务必确保多元化,让学生选择自己擅长的方式接受信息,异质分组,使学生发挥自身的优势,协同完成小组任务。

3个班级学生在学习过程中,都非常需要教师提供情感支撑。因为他们经受的挫折比成功多,他们听到的批评比赞美多得多,他们缺乏自信心,不敢去尝试,很容易半途而废、自暴自弃。所以需要教师不断地鼓励,哪怕是微小的进步,及时表扬,同时也需要教师细心发现,俯身倾听,耐心点拨,提供舞台,让学生体验成功。尤其在遇到学习障碍时,他们需要教师的言语陪伴。

6.2 旅游情境英语课程混合式学习活动设计与实施

根据中职旅游情境英语课程混合式学习"三部曲"模式,学习活动是由学生特征分析和教学目标分析共同决定的。在明确了学生特征和教学总目标后,依据总课时量就可以分配各单元课时量,学习活动按照单元课时分配量进行设计。

课程单元教学目标和课程单元教学子目标必须依托具体的课程单元,因此,仍选取"第4章 接待与入住登记"的"第1单元 常规入住登记"为例。该单元的课时量为4课时,学生特征的单元分析只需要分析先验知识,而一般特征分析和学习风格分析与学生特征总分析相同。学生单元的先验知识分析为学生已经学过宾馆前厅运行、总机服务、客房预订前3个章节的内容。该单元在整个课程单元链中是客房预订之后的工作任务,即接待客人并办理入住登记。该单元是第4章中入住登记工作中最基本的任务。因此,要确定课程单元教学三维目标:单元知识和技能目标为掌握饭店前台常规入住登记的专业术语、专业语句表达、工作流程等相关英语知识,以及能灵活运用英语完成为客人办理入住登记任务的相关技能,提供创新适切的温馨服务;单元学习策略目标为教师指导学生确认三次网络课程学习的提交结点,尝试用一种新的方式提高记忆力,学会用速记实现信息转换,遇到问题先独立思考再求助他人;单元思政目标为提升岗位意识,规范操作,严谨求实,善于团队合作,勇于探索创新,传播中华优秀传统文化。

课程单元教学子目标分为预习新知阶段、强化重点阶段和操作难点阶段3个子目标，依据子目标和学生特征分析，来决定学习活动设计与实施。

6.2.1 预习新知阶段学习活动设计与实施

在第一轮教学实践研究时，试点班15级旅外班的旅游情境英语网络课程每个单元的预习新知小节学习都安排在课外完成，出现了几个问题。首先，学生完成的程度不同，根本没有做网络课程预习新知小节的学生明显在课堂讨论中脱节。其次，学生课外自主学习的时间由自己决定，但是自主学习任务的布置时间与截止日间隔太久，致使在面授课堂开始前没有留出足够的催交时间，使监督提醒的效力受限。再次，因不是全班完成网络课程预习新知任务，教师容易以偏概全，难以为面授课堂设计针对性强的课堂教学活动。

吸取了第一轮教学实践研究的教训后，在不增加课时的前提下，预习新知阶段的网络课程学习安排在学校语音室进行，以确保每个学生在面授课堂之前都完成了自主学习任务。从形式上看，网络课程学习占用了1课时，但这第1课时起决定性的作用。网络课程每个单元的第1小节就是预习新知，里面包含了丰富的学习资源，引导学生进入新课学习，形成初步概念。此外，每周安排1课时进语音室上课在教务上是可以实现的。第1课时在语音室内集中网络课程学习有利于教师及时发现问题，并能帮助学生当场答疑。

1. 预习新知阶段学习活动设计

在"预习新知阶段"学习活动设计之前先做学生特征分析，单元小节的学生特征分析主要还是先验知识分析。学生之前已经学过"宾馆前厅运行""总机服务""客房预订"3个章节的内容，对酒店前厅部门的工作已有了一定的了解。但是，第1章"宾馆前厅运行"是概述，比较抽象。第2章"总机服务"和第3章"客房预订"都是在线服务，不是与客人面对面交流。因此，学生对酒店前厅部门的工作环境还是很陌生的，有待第4章"接待与入住登记"的学习。学生经过3个章节的学习，已对网络课程与面授课堂混合式学习模式比较熟悉，目标要求与具体操作都非常明确。

"预习新知阶段"是课程混合式学习"三部曲"模式的第一步，"预习新知阶段"学习建立在教师课前充分准备的基础之上，包括提供网络课程学习资源，了解学生已有知识和认知水平，收集学生上次作业中存在的主要问题，设定单元教学子目标等。教师根据常规入住登记的单元教学子目标以及学生的知识储备和学习能力，利用现有的学习资源和学习环境，设计学习活动。"预习新知阶段"占用2课时，表6-1和表6-2分别为常规入住登记第1课时和第2课时的学习活动设计，第1课时的学习在语音室进行,第 2 课时的学习在普通教室进行。

表 6-1　常规入住登记授课教案 1

课程名称	旅游情境英语	授课教师	赵老师
授课对象	16 级旅管 1 班	授课日期	2017 年 10 月 30 日
使用教材	《饭店服务实用英语》	出版单位	旅游教育出版社
授课课题	常规入住登记——预习新知	教学课时	第 1 课时
教学目标	知识和技能: (1) 初步了解常规入住登记的工作场景以及相关物件; (2) 熟记常用词汇和辨识拓展词汇; (3) 理解课文对话的基本内容并填全入住登记表 学习策略: (1) 把握好语音室学习时间; (2) 学会利用速记将听到的信息转换成英文文字信息 课程思政: 提升前台接待的岗位意识		
教学重点	(1) 熟记常用词汇; (2) 理解课文对话的基本内容		
教学难点	理解常规入住登记视频的对话内容		
课型	新授课		
教学方法	任务引领教学法		
教学环境	易乐学习社区数字化学习应用平台、语音室		
教学用具	电脑		

教学过程

教学环节	教学内容	教师活动预设	学生活动预设	设计意图	资源平台
任务前活动	视频理解	答疑解惑	(1) 观看视频; (2) 完成视频理解单选题练习; (3) 查看成绩分析错题	初步了解常规入住登记的工作场景	易乐学习社区
任务中活动	相关物件	答疑解惑	(1) 观看相关物件 PPT; (2) 完成相关物件中英文连线题练习; (3) 查看成绩,分析错题	初步了解常规入住登记所需的相关物件	易乐学习社区
	常用词汇	答疑解惑	(1) 跟读常用词汇音频; (2) 完成中英互译填空练习; (3) 查看成绩,分析错题	熟记常用词汇	易乐学习社区

(续表)

教学环节	教学内容	教师活动预设	学生活动预设	设计意图	资源平台
任务中活动	课文听力理解	答疑解惑	(1) 听改编过的课文音频； (2) 完成课文理解单选题练习； (3) 查看成绩，分析错题	理解课文对话的基本内容	易乐学习社区
	课文听力填表	答疑解惑	(1) 读懂需补全部分的入住登记表； (2) 补全入住登记表	学会用速记实现信息转换	易乐学习社区
	拓展词汇	答疑解惑	(1) 跟读拓展词汇音频； (2) 完成单选题练习； (3) 查看成绩，分析错题	辨识拓展词汇	易乐学习社区
任务后活动	要素讨论	阅读学生讨论	在讨论区发表自己对入住登记要素的理解	互动讨论增强对新知的认识	易乐学习社区
小结	统计反馈	查看班级统计	查看自己学习进度的班级排位	(1) 培养自我学习管理； (2) 提升前台接待岗位意识	易乐学习社区
作业	重温错题			形成正确理解	易乐学习社区

表 6-2　常规入住登记授课教案 2

课程名称	旅游情境英语	授课教师	赵老师
授课对象	16 级旅管 1 班	授课日期	2017 年 10 月 31 日
使用教材	《饭店服务实用英语》	出版单位	旅游教育出版社
授课课题	常规入住登记——预习新知	教学课时	第 2 课时
教学目标	**知识和技能：** (1) 熟练掌握常用词汇和识记拓展词汇； (2) 正确填写入住登记表； (3) 理解常规入住登记真实工作场景的细节 **学习策略：** (1) 学会利用速记将听到的信息转换成英文表格信息； (2) 规划课后网络课程学习的完成时间 **课程思政：** (1) 进一步提升前台接待的岗位意识； (2) 善于团队合作		

(续表)

教学重点	（1）熟练掌握常用词汇和识记拓展词汇； （2）正确填写入住登记表
教学难点	进一步理解常规入住登记视频的对话细节
课型	巩固课
教学方法	任务引领教学法
教学环境	普通教室
教学用具	电脑

教学过程

教学环节	教学内容	教师活动预设	学生活动预设	设计意图	组织形式
任务前活动	网课学习反馈	（1）呈现学习记录； （2）反馈总体情况	了解个体与总体的共性和差异	鼓励学生向榜样学习并认识自身的不足	教师点评
任务中活动	登记表填写	（1）分发纸质登记表； （2）说明填写要求； （3）播放音频	（1）听音频速记填表； （2）组内讨论，完成登记表填写； （3）汇报讨论结果	（1）学会用速记将信息转换成表格信息； （2）加深对课文内容的理解	小组讨论
	词汇巩固	（1）纠正发音； （2）讲解个别词汇； （3）巡视个人准备； （4）巡视组内热身； （5）评判组间竞赛	（1）朗读词汇； （2）理解个别词汇内涵； （3）自己准备词汇； （4）组内热身互考； （5）组间抢答	（1）熟练掌握常用词汇和识记拓展词汇； （2）学会高效团队合作	小组竞赛
任务后活动	视频理解	（1）提问并播放视频； （2）讨论中引导思考； （3）补充学生回答	（1）带问题观看视频； （2）回答问题，深入思考	理解常规入住登记真实工作场景的细节	集体讨论
小结	入住登记要点概括	重申入住登记要点	归纳入住登记要点	进一步提升前台接待的岗位意识	教师小结
作业		完成网络课程"常规入住登记"第2小节4.1.2		掌握课文词句和语法	易乐学习社区

2. 预习新知阶段学习活动实施

第 4 章第一单元"常规入住登记"的"预习新知阶段"学习依据学习活动设计开展教学,"预习新知阶段"的网络课程学习和面授课堂学习都在学校进行。每堂课结束,教师都需要及时进行教学反思。

1) 网络课程学习与教学反思

第 1 课时在语音室进行,以学生在"易乐学习社区"自主学习网络课程"常规入住登记"单元的第 1 小节 4.1.1 为主,学案呈现在学习平台的课程章节内,教师巡视并及时答疑解惑,确保学生认真完成网络学习。

第一,视频理解。因学生没有宾馆实习的经历,通过视频观看可以初步了解工作情境。配套的视频理解练习用来检测自己是否抓住了视频内容的要义。如果一遍不能听懂,可以多次观看重点部分。提交配套练习后,比对正确答案,再度理解视频内容。期间教师必须督促学生静下心来看视频,对于有困难的学生要予以鼓励和帮助。

第二,相关物件学习。通过 PPT 学习办理入住登记时涉及的物件,图片信息加深了对入住登记的了解,再通过配套连线题,辨识这些物件的英语表达,并在脑海里留存基本图式,比起光看课文文字,物件学习更便于学生深刻理解。

第三,常用词汇熟记。先播放课文词汇音频,学生听音和模仿跟读,教师需要和学生强调跟着耳机对着话筒发声跟读。由于常用词汇为课文词汇,需要熟练掌握。后续配套练习通过填空输入的方式记住课文单词和词组意思,并检测单词拼写。提醒学生注意拼写细节,以免系统自动判错。

第四,课文听力理解。学生需要认真听网络课程上改编过的课文音频,完成配套的单选题练习,自查错误,正确理解课文。

第五,课文听力填表。学生初次填入住登记表,需填写的内容不多,大部分信息已事先填好,作为学生的学习范例。通过填表练习,让学生将语言学习落实到操作层面,利于学生对课文内容深入理解。在做填表练习时,教师需要提醒学生先在纸上做必要的速记,再回到学习平台填写答案。

第六,拓展词汇辨识。先听音频,再做单选题练习,做到能够中英互译辨识。在听拓展词汇音频时,教师需要再次和学生强调跟着耳机对着话筒模仿跟读单词。教师还需要提醒仍在做前面练习的学生把控好语音室的学习时间。

第七,互动讨论。学生在教师事先发起的主题讨论中发表自己对入住登记新知的理解。教师需要鼓励学生尽可能多用英语表达,也需鼓励学生参与其他学生的讨论,达到互相交流心得的目的。

课后,教师马上查看网上班级学习情况,锁定具有代表性的问题以及学生表现良好之处,作为第2课时的课前准备内容。学生在第1课时网络课程自主学习后,教师获取网络数据反馈。全班配套练习平均分分别为:视频理解83.06分、物件连线98.61分、常用词汇97.22分、课文理解82.64分、课文填表80.56分、拓展词汇95.42分,整体学习情况良好。但是,要求学生理解的练习明显与要求辨识记忆的练习相差一个分数档。数据还说明,学生对视频感知力比音频强,虽然视频语言难度要远大于音频的难度,但是均分还高于音频得分;学生对音频信息处理能力偏弱,需要加强听力信息转化训练;学生喜欢做客观题,会参与主题讨论,但善于提问的学生不多。另外,4名能力相对薄弱的学生有待跟进,教师需要及时给予帮助。

2)面授课堂学习与教学反思

第2课时面授课堂学习是对网络课程自主学习加深难度、加大广度,帮助学生进一步了解工作场景。同时,面授课堂发挥便于纠正学生发音,通过开展小组竞赛等形式,加深学生对词汇的学习。

第一,教师反馈网络课程自主学习4.1.1小节的情况。表扬获得高分的学生,同时呈现几个典型错误。

第二,空白入住登记表填写。提高面授课堂填表要求,先听音频,指导学生用速记的方式自己填表,再小组讨论完成登记表填写,促使学生在"做中学"的过程中,更好地理解课文并调用脑海中网络课程相关物件PPT内的知识,学会活学活用。入住登记表的答案是半开放式的,学生通过小组讨论,思维碰撞,对入住登记工作任务的理解更透彻。在汇报讨论结果时,教师引导学生注意入住登记表信息的内在逻辑性,并对与所在国家对应的国际电话区号有最基本的了解。

第三,词汇组间竞赛。在竞赛之前,先朗读词汇,纠正发音。教师讲解个别词汇,让学生进一步理解个别用词的内涵。为了更加充分地发挥面授课堂互动活动的优势,学生先自己准备,再小组内热身,然后小组间竞赛抢答,这样便于学生记忆词汇,进一步巩固词汇或词组。

第四,视频再学习。面授课堂视频学习引导学生多思考为什么前台接待员要说这些内容。由于视频学习有一定的难度,前台接待人员的语速较快,所说内容超出了课文范畴,因此作为任务后活动学生更有话可说,引导学生关注前台接待员提供的服务,使学生体会到什么是暖心服务。

第五,要点概括。课堂小结不可或缺,重要的事情需要反复强调。先请学生归纳入住登记要点,教师再补充重申,进一步提升前厅接待的岗位意识。

第六,作业布置完成网络课程4.1.2小节,即强化重点小节的学习。教师务必要求每个学生规划好课后网络课程学习的完成时间。

第2课时结束后进行教学反思。面授课堂学习中由于填写空白入住登记表比填写网络课程半空白入住登记表难度大,填写过程中有一些不确定的内容,学生在小组讨论中互相学习。由于并非所有需要填写的信息都可以从课文中找到,填写有一定的自由度,学生填写的登记表呈现多样性,个别小组登记表填写存在逻辑问题。词汇竞赛时各小组表现非常踊跃,但需要补充抢答规则,不允许组内个人反复抢答,需等到组内其他组员抢答过一轮后才能获得抢答权,以此调动学优生帮助后进生的积极性。在加深理解课文内容和巩固词汇的前提下,再次观看网络课程的视频,学生理解能力有了很大的提高,也体会到了前台接待员提供的暖心服务。

6.2.2 强化重点阶段学习活动设计与实施

强化重点阶段要求把课文关键词组和关键句落实到位,并且还要深入学习课文语法知识。网络课程"常规入住登记"第2小节的学习不再占用课堂时间,而在课外自主学习完成。因此,第3课时为面授课堂教学。

1. 强化重点阶段学习活动设计

强化重点阶段单元小节的学生特征分析仍以先验知识分析为主,一般特征分析和学习风格分析与之前分析相同。因此,先验知识分析是学生已经完成"常规入住登记单元"的"预习新知阶段"的学习,了解了课文基本内容,熟悉了相关词汇,对入住登记表的填写也有了初步的认识,对入住登记的岗位服务过程也形成了基本概念。

"强化重点阶段"是课程混合式学习"三部曲"模式的第二步,教师设定"强化重点阶段"的单元教学子目标,并结合学生特征分析,设计学习活动。因网络课程强化重点阶段4.1.2小节安排学生课外自主学习,第3课时面授课堂的学习活动设计见表6-3。

表6-3 常规入住登记授课教案3

课程名称	旅游情境英语	授课教师	赵老师
授课对象	16级旅管1班	授课日期	2017年11月1日
使用教材	《饭店服务实用英语》	出版单位	旅游教育出版社
授课课题	常规入住登记——强化重点	教学课时	第3课时

(续表)

教学目标	知识和技能： (1) 熟练掌握关键词组和关键句； (2) 理解并运用课文的语法知识 学习策略： (3) 尝试用一种新的方式提高记忆力； (4) 规划课后网络课程学习的完成时间 课程思政： (5) 培养严谨求实的工作作风
教学重点	熟练掌握关键词组和关键句
教学难点	理解并运用课文的语法知识
课型	巩固课
教学方法	任务引领教学法
教学环境	普通教室
教学用具	电脑

教学过程

教学环节	教学内容	教师活动预设	学生活动预设	设计意图	组织形式
任务前活动	网课学习反馈	(1) 呈现学习记录； (2) 反馈总体情况	自省学习进度和质量	鼓励学生向榜样学习	教师点评
任务中活动	课文朗读	(1) 纠正发音； (2) 指导语音语调和语气	朗读课文对话	读通词句，训练语音语调和语气	集体朗读
	词句互考	(1) 巡视个人准备； (2) 组织小组间互考； (3) 评判组间问答	(1) 自己准备； (2) 小组出题； (3) 小组回答其他小组题目	熟练掌握关键词组和语句	组间问答
任务后活动	语法理解	(1) 组织小组间提问和答疑； (2) 补充讲解疑难点	(1) 提出尚未理解的问题； (2) 回答其他小组的疑惑； (3) 聆听教师讲解	理解课文注释的语法知识	组间答疑、教师讲授
小结	重点词句语法点击	重申关键词句和语法	回顾关键词句和语法	培养严谨求实的工作作风	教师小结
作业	完成网络课程常规入住登记第 3 小节 4.1.3			梳理工作流程和入住登记对话上口	自主学习

2. 强化重点阶段学习活动实施

依据"强化重点阶段"的学习活动设计开展教学,本单元网络课程的"强化重点阶段"小节由学生自主课外完成,以下是"强化重点阶段"的网络课程和面授课程学习活动的实施与教学反思。

1)网络课程学习与教学反思

网络课程常规入住登记第 2 小节 4.1.2 的学习任务是第 2 课时的课后作业,该小节的配套练习都为各类自测练习,要求学生自主学习教材内容,并且在第 3 课时的面授课堂之前完成。网络课程强化重点的练习也同样适合作为第 3 课时面授课堂之后复习巩固练习,因为 4.1.2 小节的配套练习都设置为允许重考,学生对自己成绩不满意,可以再次自主练习。在第 2 课时布置学习本小节网络课程时,同时布置了提交时间,要求学生自我规划好网络课程学习的完成时间,不要缺交。

第一,课文音频互评。在"强化重点阶段"的课文改编音频要求学生模仿跟读到熟练程度。当学生认为自己的朗读令人满意时,将自己的课文朗读录制成音频,上传到教师事先发布的作业中。然后根据教师给出的评分量表,每个学生匿名给其他五个学生的课文朗读音频打分,评分量表由系统随机派发。

第二,词组自测练习。学生自测"常规入住登记单元"关键词组,如动词固定搭配、专业短语等。通过填空题形式,强化学生拼写能力。词组自测练习设置为乱序,允许重考以达到熟练程度。

第三,单句自测练习。课文中关键句以及有些拗口的长句都是测试内容,自测练习要求以单选题的形式对测试内容进行中英互译。单句自测练习同样也设置为乱序,允许重考,学生可以不断自查自纠,熟记单句。

第四,语法自测练习。以单选题形式检测课文注释的语法例句掌握程度,学生通过做练习,理解句子的语境,辨别选项,不懂的题目回到教材的注释中去学,慢慢体会语法。为熟练运用语法点,语法自测练习同样设置为题目乱序和选项乱序,允许重考。

第五,提问答疑。学生在网络课程自主学习 4.1.2 小节时,可以在教师事先发布的主题讨论中提问,教师回答学生的问题,也可以由其他学生回答问题。通过讨论交流,及时解决比较普遍的问题。也作为学生参加提问讨论的一次互动学习。

"网络课程强化重点阶段"小节提交截止时间一到,教师查看学生完成情况没有交作业的马上催交。交齐后组织全班开始课文音频的网上互评活动。互评活动结束后,给予师评打分和评语。教师依据网络课程数据,在下一节面授课时提供自主学习反馈。在提交的课文朗读音频中,发现有学生是按照教材原文在朗读,而不是按照改编过的课文音频朗读,这也暴露出学生没有认真听改编过的课文音频,更没有认真模仿跟读。也有个别学生是按照改编后的课文音频朗读,但是语音模仿力偏弱,与网络课程上的音频差距很大,上传的朗读音频质量不佳。此外,学生在讨论中提问的问题大多数为语法问题,也有学生回答提问,但是没有切中要害,反映出学生为追求快速完成,缺少耐心品读,没有认真思考道理,学习过于表面。

2) 面授课堂学习与教学反思

第3课时为面授课堂学习,学生经过网络课程4.1.2小节自主学习,面授课堂就是巩固加强,确保学生掌握关键词组、关键语句以及相关语法。

第一,教师反馈网络课程自主学习情况。表扬课前及时完成网络学习的学生,同时指出部分学生语法自测练习相对较薄弱。

第二,课文朗读。面授课堂进行课文朗读训练,教师给予面对面纠错,指导语音语调以及语气,为后续组间活动夯实基础,确保所说的词句能让其他学生听懂。同时也让学生体会到柔和的语气、语调是前台接待员应具备的基本素质。

第三,词句互考。这个环节学生先自己准备,再以小组为单位出题,由其他小组回答,小组成员既是命题人又是应考者,教师是裁判员。该形式一方面可以渲染课堂气氛,另一方面通过活动益于学生记忆,让学生熟练掌握关键词组和单句。同时,教师也鼓励学生尝试用一种新的方式提高记忆力。

第四,语法理解。通过组间答疑活动,小组提出语法疑问,由其他小组解答,教师启发学生深入思考,培养学生探究学习的能力。学生通过讨论和教授他人,提高学习记忆留存率。组间互相答疑可以先解决一部分语法点,讨论之后,教师再讲解尚未解决的问题。教师务必确保讨论时间多于教师讲解时间。

第五,重点点击。先请学生回顾"常规入住登记"中的关键词句和语法,教师再补充重申。并强调工作需要倍加细致,培养严谨求实的工作作风。

第六,作业布置完成网络课程4.1.3小节,即"常规入住登记"的"操作难点阶段"的学习。教师再次强调学生做好规划,按时提交网络课程的学习任务。

第3课时面授课堂学习后,教师及时做课后反思,总结了以下几个问题。第一,学生课文朗读基本正确,但速度还跟不上音频,会影响后期配音视频练习,要加强朗读熟练度。第二,组间词句互考情况总体不错,不过单词拼写准确率仍然不高,学生能说出词组,但是容易拼错,不够细致。第三,单句表达的准确率没有关键词组好,本质上是语法问题,因为学生没有句子结构意识,容易遗漏或者说错一些小地方。第四,第三小组在组间词句互考中反应偏慢,课后待跟进。第五,学生课文语法知识点掌握比较薄弱,组间答疑不够清晰,对语法思考力欠缺,观察和辨析力弱。改进方案为在第 2 单元"延迟入住与散客入住登记学习"到"强化重点阶段"时,事先分配小组注释点讲解任务,查阅网上资料,培养探究能力。个别学生对语法学习持错误观点,认为凭感觉即可,不求甚解。应对其强调知其然,还要知其所以然。

6.2.3 操作难点阶段学习活动设计与实施

"操练难点阶段"是学生语言输出阶段,要求学生将之前所学的词组和句子按照"常规入住登记"的工作流程灵活运用。网络课程该小节学习不占课时,为学生课外自主学习,因此面授课堂为第 4 课时。

1. 操作难点阶段学习活动设计

"操练难点阶段"单元小节的学生特征分析中只有先验知识有所变化,先验知识分析为学生已经完成"常规入住登记强化重点阶段"的学习,熟练掌握了课文关键词组和关键句,能带有一定的语音语调进行课文朗读,对课文注释的语法基本掌握。

操练难点阶段为"三部曲"模式的第三步。学习活动设计由"操练难点阶段"的单元教学子目标和学生特征分析共同决定,网络课程学习在课外进行。第 4 课时面授课堂的学习活动设计见表 6-4。

表 6-4 《常规入住登记》授课教案 4

课程名称	旅游情境英语	授课教师	赵老师
授课对象	16 级旅管 1 班	授课日期	2017 年 11 月 3 日
使用教材	《饭店服务实用英语》	出版单位	旅游教育出版社
授课课题	常规入住登记——操练难点	教学课时	第 4 课时
教学目标	知识和技能: (1)熟练掌握常规入住登记的工作流程及相应语句表达; (2)礼貌规范地帮助客人办理常规入住登记; (3)灵活应变地为客人办理常规入住登记,并提供具有中华文化内涵的创意服务 学习策略: 学会遇到问题先独立思考再求助他人 课程思政: 规范服务操作,勇于探索创新,传播中华优秀传统文化		
教学重点	(1)熟练掌握常规入住登记的工作流程及相应语句表达; (2)礼貌规范地帮助客人办理常规入住登记		

(续表)

教学难点	灵活应变地为客人办理常规入住登记,并提供具有中华文化内涵的带有创意的温馨服务
课型	操练课
教学方法	任务引领教学法
教学环境	普通教室
教学用具	电脑

教学过程

教学环节	教学内容	教师活动预设	学生活动预设	设计意图	组织形式
任务前活动	网络学习反馈	(1) 呈现学习记录; (2) 反馈总体情况	自省学习进度和质量	鼓励学生向榜样学习	教师点评
任务中活动	流程排序	(1) 分发流程卡片; (2) 巡视学生排序情况; (3) 指导学生正确排序	(1) 识别卡上图片; (2) 两人组流程排序; (3) 核对调整排序	熟练掌握工作流程	卡片排序
	流程语句表达	(1) 巡视学生互考卡片对应语句; (2) 组织小组抢答	(1) 两人组互考卡片对应语句; (2) 小组间抢答随机呈现的图片	熟练掌握流程相应语句的表达	小组抢答
	对话操练	(1) 指导学生用卡片进行对话操练; (2) 巡视学生两两对话; (3) 组织对话展示和评价	(1) 找出对话角色各自持有的卡片; (2) 用卡片两两操练对话; (3) 对话展示和学生互评	礼貌规范地帮助客人办理常规入住登记	对话展示
任务后活动	随机对话展示	(1) 解析给定对话情境; (2) 巡视并指导学生两两对话; (3) 组织随机对话展示和评价	(1) 理解给定的对话情境; (2) 讨论与课文对话不同之处,思考网课对话编写作业中含有中华文化的创意服务; (3) 用卡片两两尝试对话; (4) 随机配对展示和评价	(1) 培养灵活应变能力; (2) 勇于探索创新,传播中华优秀传统文化	集体讨论对话展示

(续表)

教学环节	教学内容	教师活动预设	学生活动预设	设计意图	组织形式
小结	流程要点再现	重申对话流程要点	回顾对话流程要点	提升礼貌待客规范服务并有创意的职业意识	教师小结
作业		完善网络课程配音视频和对话编写		模拟工作场景进行实战演练并发挥创造能力	自主学习

2. 操作难点阶段学习活动实施

按学习活动设计实施"操作难点阶段"的学习活动，以下分别对网络课程和面授课堂的学习与教学反思进行陈述。

1）网络课程学习与教学反思

"操作难点阶段"的网络课程自主学习任务是第 3 课时面授课堂的回家作业。虽然网络课程操作难点小节中上传学生扮演前台接待员与留空音频合成的配音视频以及对话编写这两项任务有一定的难度，但是教师还是需要坚持让学生在第 4 课时面授课堂之前完成，确保学生先有一个自我操练和思考的过程再到面授课堂参加学习，评价可以等到面授课堂学习并修改之后再进行。因此，还是应和学生强调自我规划好网络课程任务完成的时间，养成良好的学习习惯。

第一，流程排序。学生自测"常规入住登记"工作流程，在输入填空内容时，就在比较、思考和记忆，自查答案，掌握正确的工作流程。

第二，流程语句配对。通过配对练习，学生既巩固流程的顺序，又了解熟悉流程对应的英语语句，在脑海中将流程与语句捆绑，为对话做铺垫。系统及时反馈帮助学生修补错误理解。

第三，对话配音视频。学生利用留空音频操练对话，达到一定的流利度后，将留空对话配音录制成视频，要求学生播放留空音频，在留空处补上服务人员应该说的内容。上传对话配音视频学生可以观测口语对话时的神情举止，增强服务规范意识。对话配音视频是对学生前期是否认真模仿跟读词汇和课文的检验，也是对学生是否能根据工作流程用规范的语言流畅自然表达的检验，学生的熟练程度和应用实践能力一目了然。教师开展生生互评活动，并给予师评。

第四，编写对话。学生必须要读懂给定情境，编写对话时需发挥想象力，给客人提供创意服务,学会知识迁移,提升灵活应变的能力。教师需要引导学生在为客人办理入住登记时,适当增加介绍酒店的特色服务,这些特色服务能与中国传统文化相联系。学生自己上网查阅资料,具有创新意识,并能丰富对话内容,提升对客服务的品质。教师引导学生学会遇到问题先独立思考再求助他人。学生上传的对话编写作业可以实施网上生生盲评,促进互学。学生递交的作业也同样会得到师评。

网络课程操作难点小节的流程排序和流程语句配对练习完成率很好,相对比较容易,都是客观题。但是上传对话配音视频和对话编写两项作业需要对一部分学生进行催交,教师还应以鼓励为主,让学生敢于尝试,挑战自我。为避免系统卡顿,要求学生不必上传高清对话配音视频。教师事先提供对话编写评分量表,并适当提示,帮助学生的作业更符合要求,同时鼓励原创,并为后续的面授课堂做好准备。网络课程自主学习提交结点之后不必马上开展互评活动和师评,而是等待学生参加面授课堂学习产生新的感悟后,让学生在双休日的时间进行修正,之后再进行评分,这样学生更有成就感,树立学习的自信心。

2) 面授课堂学习与教学反思

第4课时为面授课堂学习,学生经过网络课程4.1.3小节的自主学习,在面授课堂中需确认其能应用所学的知识和技能办理常规入住登记并能灵活应对未知的情境。

第一,教师反馈网络课程自主学习情况。表扬课前完成网络课程4.1.3小节自主学习的学生,同时指出工作流程排序的易错点。

第二,卡片排序。借助纸质卡片,两人一组对流程排序。学生在动手中思考揣摩流程环节之间的逻辑关系,逼真的卡片帮助学生增强实物感,使语言更贴近实际岗位操作。

第三,流程对应语句表达。小组抢答之前,在两人组预热,一方面可以充分利用卡片,另一方面两两互考操练密度大,再通过小组抢答,效果会更好。

第四,对话操练。通过两两操练并进行对话展示,增加对话的机会。固定两人组的对话展示也需要两两自我操练。在这之前,先指导学生找对扮演角色应该持有的卡片。两两对话操练时,确认学生对话过程中有卡片适时地交换。操练后进行对话展示,检测学生对于课文对话的实际运用能力,充分利用面授课堂开展自评、互评和师评。

第五,随机对话挑战赛。学生先集体讨论给定情境,即网络课程4.1.3小节对话编写的作业,并在面授课堂再次理解情境的内涵和外延。先两两尝试对话,引导学生根据自己所查阅的资料,增强灵活性,发挥创造力,提供优质服务,后随机配对展示,开展自评、互评和师评。学生在"做中学"的过程中,掌握知识和技能,并能学会灵活运用。给定情境对话是课文对话的提升,随机配对展示是教学难点,也是培养学生灵活应变能力并实现知识迁移的关键环节。因此网络课程自主学习以及面授课堂前面几个教学环节做扎实了,随机配对展示环节就能做好,学生也会由此产生成就感。

第六,流程要点再现。先请学生回顾"常规入住登记对话"流程的要点,教师再补充并重申,提升学生礼貌待客、规范服务、灵活应变以及创新思维的职业意识。

第七,作业布置。完善网络课程4.1.3小节的对话配音视频和对话编写作业,开展作业互评。学生经过面授课堂的学习,对已经完成的作业进行完善,不同学习能力的学生都能在原有基础上得到提升,鼓励学生追求精益求精,把作业当作品,完成常规入住登记的对话配音视频和对话编写。在提交结点之后,开展生生互评,互相学习。同时,教师予以师评,检测学生的学习成果。

第4课时的面授课堂学习后,学生并没有真正地结束单元学习,而是需要等到完成互评和师评之后进行教学反思。在面授课堂学习过程中,学生通过反复地两两操练基本上能完成办理常规入住登记工作。卡片在课堂教学中起到很大作用,帮助学生记住工作流程,迅速反应流程中各环节对应的语句以及进行对话仿真操练。流程排序进行得比较顺利,语句表达环节中"拿登记表""索要客人名片"和"请客人签名"这3句长句含有长单词,学生经常卡壳。两两固定组对话展示情况基本良好,但是随机配对展示不同组出现的问题归结下来是对话开头没有问是否预订、没有先问确认号再拿登记表、漏确认预订信息、对话结尾处没有先信用卡刷卡再签名、漏给房卡以及介绍中华文化的特色服务时有点生硬。究其原因为学生还没有达到熟练对话的程度,当碰到新客人时,一紧张容易遗忘环节和用词,灵活应变能力还欠缺,可以通过后续学习加强。学生在面授课堂之后愿意耗时重复拍摄视频,对上传的对话配音视频进行交流和互评,尤其偏好盲评,部分学生两两合作把对话编写也拍成视频上传,应予以鼓励表扬。

总之,中职旅游情境英语课程混合式学习过程以"预习新知""强化重点"和"操作难点"这"三部曲"为核心,不断循序渐进,帮助学生大力提高听说能力,掌握饭店前厅部门的专业知识和技能,提升高品质服务的岗位意识。网络课程的单元体例尽可能保持一致,面授课堂主张形式多样化,不要千篇一律,保持学生的学习兴趣。

6.3 旅游情境英语课程混合式学习实践研究过程

中职旅游情境英语课程混合式学习实践的成效研究设计提出两个方面的问题,即

学业表现和心理感知,具体问题为以下五个:

问题一:中职旅游情境英语课程混合式学习较之传统教学是否能更显著地提升学业表现?其中,具体对专业英语的知识和技能的各个组成部分成效如何?

问题二:中职旅游情境英语课程混合式学习在学生性别差异上是否有明显效果差异?

问题三:中职旅游情境英语课程混合式学习在高、中、低三种英语水平的学生中,哪一种效果最好?

问题四:学习态度与中职旅游情境英语课程混合式学习的学业表现是否呈正相关?

问题五:学生是否对中职旅游情境英语课程混合式学习满意?

在中职旅游情境英语课程混合式学习实践应用研究过程中,采用实验对照、问卷调查等方法,以期科学合理地开展实证研究。

6.3.1 旅游情境英语课程混合式学习实践研究流程

如图6-1所示,中职旅游情境英语课程混合式学习实践研究是一个迭代应用的过程,经历了两轮完整的课程混合式学习实践研究。两轮研究的侧重点不同,研究过程不同,取得成果也有所不同。两轮研究又互为关联,第二轮应用研究建立在第一轮的基础之上,检测第一轮成果的成效。

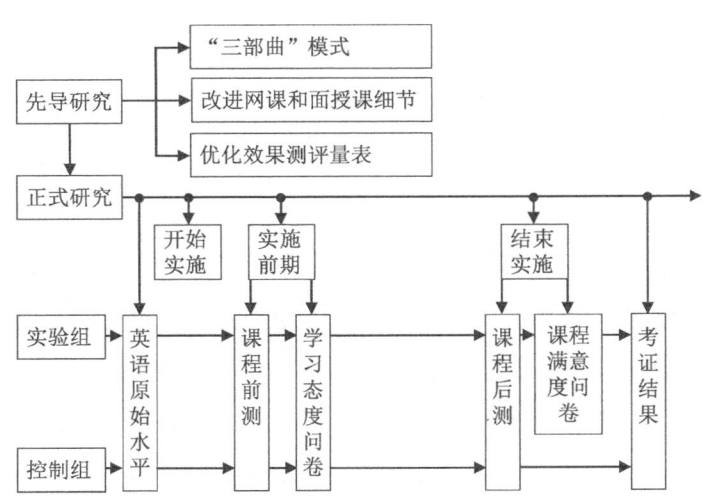

图 6-1 中职旅游情境英语课程混合式学习实践研究流程

在第一轮先导研究中提出中职旅游情境英语课程混合式学习"三部曲"模式,实践过程中发现的问题用于改进网络课程和面授课堂学习的诸多细节问题,并且对实践研究所用的效果测评量表进行优化。第二轮正式研究采用实验对比法,有实验组和控制组,在混合式学习实施前用英语原始水平的测试数据,在实施前期有课程前测和学习态度问卷调查,在实施结束时有课程后测和只针对实验组的课程满意度问卷调查,在实施结束后有考证结果检测。

6.3.2 旅游情境英语课程混合式学习实践先导研究

第一轮实践应用研究选择15级旅外班为试点班级。之所以选择该班,出于多种因素考虑。其一,班级人数适中,全班共34人,是上海地区中等职业学校比较典型的班级规模。其中,男生12人,女生22人,虽然女生偏多,但男女生比例还比较均衡。其二,旅游外语专业相对其他专业的学生而言,英语水平较高,更容易适应新的教学方式和学习方式。从全校同年级其他班级基础英语均分看,15级旅外班始终处于全校年级第一的位置。作为试点班级,因为实践研究会有很多未知情况出现,所以选择一个好班进行第一轮的混合式学习实践研究比较合适。其三,15级旅外班虽然基础英语水平全校排名第一,但是班级内差异很大,从中考成绩看,班级英语学科满分为150分,最高的学生137分,最低的学生只有64分,极差高达73分。如果按照五级划分,英语处于优秀水平的有4人,良好水平16人,中等水平6人,及格水平4人,不及格水平4人,各个英语水平的学生都有,便于研究混合式学习的成效。

在开展第一轮实践研究时,网络课程的资源建设与课程实施几乎同步推进。原先实施方案是网络课程全部课外完成,每周4课时用于面授课堂学习,前2课时帮助学生夯实基础,后2课时加强对话操练,但是发现由于学生没有认真完成网络课程的学习,而且完成的情况参差不齐,有的超前做了但不符合练习要求,有的没有做完指定的练习,导致教师又在课堂上重复教授新知,回到传统课堂的老路上,占用了后续对话操练的课时。

教师反思后,将网络课程的单元拆分,引导学生小步走,每次能够完成一部分的单元自主学习任务。这样,课程章节的每个单元完成1个小节网络课程的建设任务,就紧接着让学生进行网络课程该小节的自主学习,然后进行面授课堂的学习。网络课程学习都要求学生回家后完成,每个单元网络课程都拆分成3个小节,分为"预习新知""强化重点""操作难点"三个阶段,由易到难。相对应的面授课堂花费4课时完成1个单元的教学,先进行1小节学习网络课程,后进行1课时面授课堂。网络课程3小节学习对应面授课堂3课时,第4课时延续操练,因为实践中发现提高学生对话熟练度和灵活度需要花费更多的课堂时间。

在整个应用研究过程中,还需不断进行调整。如,网络课程的各个自测练习选用哪种题型更适宜,练习是否需要在高级设置中设置60分为合格线,课程上下小节间是设闯关模式还是开放模式,任务布置是否设置截止时间等细节。此外,还需考虑面授课堂是以什么组织形式开展教学,小组活动如何开展,课内课外如何联动更合理,如何缩短后进生与全班平均进度的差距等问题。

在不断调整和解决问题的过程中,本书还是发现第4课时延续操练一直不能落实到位,归根溯源问题出在学生没有认真对待网络课程单元预习新知小节,在这个小节中单元基本知识没有学扎实,导致面授课堂第4课时延续操练无法展开。历经持续探索,终于推出中职旅游情境英语课程混合式学习"三部曲"模式。每个单元仍然为4课时教学,但结构发生变化,第1课时把网络课程第1小节预习新知阶段的学习安排在语音室内完成,占用1课时。原来需要花费2个课时的"操作难点阶段"用1课时完成,借助卡片学习和改变课堂组织形式可以大大提高课堂效率,节省出1课时。网络课程各项自测练习根据内容确定题型,根据练习的复习价值确定是否设允许重考。整个课程不再设闯关模式、60分合格线和截止时间,提交时间由任课教师通知班级,而不是系统设置,晚交的学生有补交的机会。尊重学生个体间的差异,以鼓励的方式敦促后进生尽快完成任务,缩短与班级其他学生的差距。

在第一轮实践研究的过程中,本书验证了学习态度量表和问卷调查量表的信度和效度。这两张量表是在文献资料的基础上加以改编的,使题项更适合中职旅游情境英语课程混合式学习实践研究的需求。但是在验证量表时,发现个别题项影响了量表的信度和效度,因此删除了这些题项,使学习态度量表和问卷调查量表得以优化。

第一轮先导研究是在摸索中前行,很多方面不是非常成熟,但是结果还是令人振奋的。15级旅外班考证通过率达到了100%,这对于本校历届考证通过率不高的事实来说,是可喜可贺的。最为关键的是,15级旅外班4名中考英语处于不合格水平的学生也通过了考证,这说明中职旅游情境英语课程混合式学习是很有成效,值得更为深入地开展研究。

6.3.3 旅游情境英语课程混合式学习实践正式研究

第二轮正式研究开展实验对比研究,选择16级旅管1班为实验组,16级旅外1班为控制组。选择这两个班级是因为16级旅管1班为中高职贯通班,16级旅外1班为职业中专英语特色班,两个班级英语水平都属于年级排名前列,学习能力较强。虽然两个班级专业不同,但是旅游情境英语课程设置两个班级是相同的,都为每周 4 课时。选择 16 级旅管 1 班为实验组而不是 16 级旅外 1 班,一方面是因为第一轮实践研究选择了 15 级旅外班,根据考证通过率已经取得了成功的结果,第二轮实践研究意图探究课程混合式学习模式是否适用于其他专业。另一方面,旅外专业英语课时量大,除基础英语之外,还有英语听说课程和英语读写课程,历届旅外 1 班无论基础英语还是专业英语始终处于年级第一,15 级旅外班因当年旅外专业只招了 1 个班级,所以排名也是年级第一,而旅管 1 班排名第三。因此,欲通过课程混合式学习模式的实施观察是否能在中职专业英语课程中改变这一格局。该实验数据分 4 次采集。

1. 第一次数据采集

中职旅游情境英语课程未开始前为获得两个班级初始状态的英语水平情况,选择了末次基础英语统考成绩。虽然基础英语不同于专业英语,但是就英语学习而言是相通的,可以作为学生英语原始水平的有力证据。另一个原因是,两个班级除即将要学习的旅游情境英语课程外,没有学习过其他专业英语课程,基础英语课程是唯一能体现他们英语水平的课程。而且基础英语考试阅卷为全年级任课教师在网上统一阅卷,主观题也统一标准并有专人批阅,能确保公平和公正,数据来源可靠。

2. 第二次数据采集

在旅游情境英语课程实施前期,采集了两个班级在本课程第一次阶段性统考每个学生的总成绩和各大题得分。由于是卷面考试,按照考证的笔试题型命题,所有题目都为客观题,所以学业成绩没有主观批阅干扰。

同时,通过问卷星,以不记名的方式对实验组和控制组两个班级学生的学习态度做问卷调查,了解实验组和控制组的学生对旅游情境英语课程学习态度是否存在差异。

3. 第三次数据采集

第三次数据采集是在旅游情境英语课程结束后进行的最后一次统考,收集了实验组和控制组本课程每个学生统考的总成绩和各大题得分。同样,采用卷面考试的形式,笔试命题题型为标准的考证笔试题型。

此外,对实验组学生进行课程学习满意度的问卷调查,了解学生对课程混合式学习的感受。

4. 第四次数据采集

实验组和控制组同期参加 B 级前厅部门考证,包括笔试和口试,获得考证通过率、笔试和口试成绩数据。这些数据具有权威性，更重要的是有了标准统一的主观评分的口试成绩数据。

然而，在实践研究过程中，还是留有遗憾。前后测对比数据中只有笔试部分的成绩数据，口试部分没有对比数据，只有最终的考证口试数据。口试部分的数据在过程中获得有难度。一方面因为口试考试对考场、老师人员安排、时间的要求过高，考试过程需要学生与老师直接对话，如果按照考证的口试要求还需要配备 2 名口试老师，在学校的日常教学中都很难做到，因此旅游情境英语课程没有安排过本校口试统考。另一方面，口试成绩受主观评分因素大，本校教师和学生之间或多或少认识，打分上容易受到主观印象的干扰，所以无法产生相对客观的数据。由于中职旅游情境英语课程以听说为主，虽然无法获得英语口语情况的过程性数据实属可惜，但是毕竟考证的终结性数据也能说明问题。

第 7 章　旅游情境英语课程混合式学习效果与讨论

7.1　课程混合式学习数据分析

该课程混合式学习"三部曲"模式应用效果研究的数据来源于第二轮实践研究过程中收集的实验数据和调查问卷数据。实验组 16 级旅管 1 班共有 36 人,男女生人数比 2∶7;控制组为 16 级旅外 1 班共 22 名学生,男生 3 人,女生 19 人。

7.1.1　课程混合式学习学业表现数据分析

该课程混合式学习实践研究对学业表现共进行过 4 次数据采集,分别为在该课程尚未开始前基础英语统考成绩数据、课程前测成绩数据、课程后测成绩数据、英语 B 级前厅部门考证成绩数据。现作 4 次数据采集基本分析和课程前后测成绩数据对比分析。

1. 4 次数据采集基本分析

中职旅游情境英语课程混合式学习实践研究的 4 次数据采集,将按照时间顺序做基本分析。

1) 英语原始水平数据分析

为了获得中职旅游情境英语课程混合式学习实践研究对比组的英语原始水平的数据,出于 3 点原因考虑,在实施课程之前选取了距离时间最近的基础英语年级统考成绩。其一,中职旅游情境英语课程考查的也是英语知识和技能,只是内容限定在饭店服务的专业领域。其二,两个班级都从一年级开始上基础英语课程,并且课时量相同,基础英语课程本身也是最能反映学生的英语水平。其三,基础英语年级统考实行网上统一阅卷,数据公平、可靠。所以末次基础英语年级统考数据可以用于说明实验组和控制组两个班级学生英语的原始水平。如表 7-1 所示,实验组的总分均值为 81.72 分,控制组均值为 86.27 分,独立样本 t 检验差异显著,p 值为 0.021,小于 0.05,表明控制组英语水平明显好于实验组。这一结果也在预料之中,因为控制组 16 级旅外 1 班为英语特色班,基础英语成绩一直处于全年级第一名,而实验组 16 级旅管 1 班一直处于第三名。因此,中职旅游情境英语课程混合式学习实践研究的目的之一就是在两个班级都没有接触过饭店服务英语的前提下,研究通过混合式学习实验组专业英语的水平是否可能接近甚至超过控制组的专业英语水平,以体现混合式学习的成效。

表 7-1 实施前基础英语课程统考成绩分析(分)

	人数 N	均值 M	标准差 SD	t	p
实验组 16 级旅管 1 班	36	81.72	6.755	-2.381	**0.021***
控制组 16 级旅外 1 班	22	86.27	7.548		

* $p<0.05$,** $p<0.01$

2)课程前测统考数据分析

中职旅游情境英语课程统一从第三学期开始教学,实验组 16 级旅管 1 班实施混合式学习"三部曲"模式教学,而控制组 16 级旅外 1 班实施传统教学。两个班级每周本课程都为 4 课时,教学进度相同。经过近一个月的学习,采集课程前测统考数据。因为,这时实验组对网络课程的自主学习和面授课堂学习相结合的混合式学习模式已经比较熟悉,而且近一个月的学习时间也使实验组和控制组对该课程有所了解,掌握了一部分专业英语知识和专业英语技能,可以检测他们的学习情况。

该课程前测统考命题采用标准化试卷,题型按照考证的笔试题型命题,全部为客观题,满分 100 分,由机器批阅,数据准确率高。为进一步深入研究课程混合式学习对专业英语知识和专业英语各部分技能的成效是否相同,将总分按题型再细分成短听力、长听力、语法词汇、阅读和翻译共五个部分,各占 20 分。其中,短听力指听短句和短对话,长听力指听长对话,翻译包括中译英和英译中。语法词汇作为一大题融合命题,所以无法拆分。将听力再分为短听力和长听力是因为整张试卷满分 100 分中,听力占 40 分,占比最大,而且只允许播放一遍听力的难度,比基础英语通常播放两遍听力的难度要大得多。听力占比大和难度大都凸显饭店服务中英语听力的重要性,因此进一步按照听力难易度将听力划分为短听力和长听力,研究课程混合式学习对不同难度的听力技能提高的成效。此外,把中译英和英译中合并为翻译进行研究,是因为这两种题型都以选择题的形式出现,在难易度上差异不大,而且翻译技能本身就是指中英互译。因此,分成以上五部分进行混合式学习对具体专业英语知识和技能的成效研究。

表 7-2 课程前测统考成绩分析(分)

		总分	短听力	长听力	语法词汇	阅读	翻译
实验组	M	74.36	11.33	14.78	15.36	16.17	16.72
	SD	6.543	2.746	2.799	2.072	2.091	2.092
控制组	M	71.91	12.27	14.45	14.64	15.00	15.55
	SD	8.118	1.980	3.377	1.989	2.204	2.756
实验组—控制组	t	1.263	−1.396	0.394	1.312	2.020	1.840
	p	0.212	0.168	0.695	0.195	**0.048***	0.071

* $p<0.05$,** $p<0.01$

对课程前测第一次阶段性统考数据进行独立样本 t 检验,均值、标准差、t 值和 p 值如表 7-2 所示,结果显示总分差异不显著,但实验组总分均值的绝对值 74.36 分略高于控制组 71.91 分,这对英语原始水平显著低于控制组的实验组来说已经是一个可喜的进步。细分的五个部分中只有阅读部分有显著差异,p 值为 0.048,小于 0.05,实验组均分的绝对值 16.17 分略高于控制组 15.00 分,其他部分两个班级没有显著差异。也就是说,实验组和控制组在课程前期学习的情况大体上没有显著差异,只有阅读部分是实验组显著高于控制组。

3)课程后测统考数据分析

课程的后测数据选取第三学期课程结束后的统考成绩。仅限卷面考试,再次采用考证标准化试卷,全部为客观题,听力只播放一遍。与课程前测数据处理相同,除总分成绩分析外,仍然获取短听力、长听力、语法词汇、阅读和翻译五个部分的数据进行分析。

课程后测在考证前,如表 7-3 所示,进行独立样本 t 检验,结果显示总分差异极其显著。p 值为 0.002,小于 0.01,细分的五个部分中短听力和语法词汇两个部分差异极其显著,分别为 $p=0.005$,$p=0.000$,都小于 0.01。翻译部分差异显著,p 值为 0.020,小于 0.05。长听力差异不显著。而阅读部分实验组与控制组的均差为 −1.6,并且差异显著,p 值为 0.038,小于 0.05,实验组阅读部分的成绩显著低于控制组。可见,混合式学习能够大幅度提高学生笔试的专业英语综合水平,对短听力、语法词汇和翻译产生的效果较好,对难度较大的长听力没有显著提升效果,对阅读技能的提升效果差。

反思由于指定教材中从未出现阅读部分,网络课程学习资源中也未出现阅读训练,因此课程混合式学习实施过程中没有涉及阅读能力的培养,而是侧重听说技能的提升。

表 7-3 课程后测统考成绩分析(分)

		总分	短听力	长听力	语法词汇	阅读	翻译
实验组	M	87.42	18.94	18.5	18.33	14.31	17.33
	SD	6.942	0.955	1.875	1.394	2.926	3.243
控制组	M	81.45	17.86	18.18	14.05	15.91	15.45
	SD	5.998	1.833	2.039	2.257	2.562	2.241
实验组—控制组	t	3.336	2.952	0.607	8.964	-2.12	2.388
	p	**0.002****	**0.005****	0.546	**0.000****	**0.038***	**0.020***

* $p<0.05$, ** $p<0.01$

4)课程考证数据分析

课程混合式学习成效最终的检测效果为上海市旅游行业饭店外语等级考试英语 B 级前厅部门考证结果。考证成绩分为笔试和口试两大部分,满分各 100 分,笔试和口试都合格才能取得证书。笔试为客观题,口试是每个考生与一名考官进行饭店英语口语对话,并由两名考官打分,为主观题。

表 7-4 课程考证结果分析

	考证通过率	考证笔试合格率	考证口试合格率	笔试均分	笔试标准差	口试均分	口试标准差
实验班	97.22%	97.22%	100%	79.39	7.404	64.153	3.1187
对照班	77.27%	81.82%	81.82%	67.23	28.937	53.568	22.674
t				2.408	2.774		
p				**0.019***	**0.008****		

* $p<0.05$, ** $p<0.01$

实验组共 36 人参加考证,控制组共 22 人,其中有 3 人缺考,记 0 分处理。考证通过率如表 7-4 所示,频数分析的结果显示实验组通过率明显高于控制组。独立样本 t 检验结果显示笔试呈显著差异,p 值为 0.019,小于 0.05,口试 p 值为 0.008,小于 0.01,呈极其显著差异,实验组笔试和口试都明显好于控制组。

值得一提的是口试考证结果,因在课程混合式学习实施过程中无法获得口语前后测数据,考证的口试数据显得尤为宝贵。课程侧重专业英语的听说,听力技能在笔试中检测,而口语技能只能通过口试检测。实验组 36 人口试合格率为 100%,而控制组 22 人的口试合格率仅为 81.82%,即便抛开 3 个缺考的学生,仍有 1 个学生口试不合格,控制组本身是英语特色班,班级中没有英语极差的学生。因此,口试合格率充分说明课程混合式学习对专业英语口语技能的提高是显著有效的。

2. 课程前后测对比数据分析

中职旅游情境英语课程混合式学习实践研究对课程前测和后测数据进行多角度对比,分析实验组和控制组整班的前测和后测数据、实验组男生和女生前测和后测数据、实验组三个英语水平学生前测和后测数据。

1)实验组和控制组前后测对比数据分析

实验组如表 7-5 所示,配对样本 t 检验的结果显示实验组经过课程混合式学习,总分前后测呈极其显著差异,p 值为 0.000,小于 0.01,成绩上升明显。细分的五个部分中,短听力、长听力、语法词汇存在极其显著差异,$p = 0.000$,成绩上升明显。而阅读部分实验组前后测的均差为 1.86 分,成绩下降并且差异极其显著,$p = 0.001$,小于 0.01。翻译部分虽成绩上升,均差为 0.61,但不存在显著差异。

因此,课程混合式学习能够大幅度提高学生整体的饭店英语成绩,对听短句、短对话、长对话的听力技能和语法词汇知识的学习效果明显,对翻译技能有提升作用,但是效果不明显,对阅读技能没有产生正向影响,反而明显下降,这正是由于课程侧重培养专业英语听说技能,课程学习内容未涉及专业英语阅读能力方面的培养,无针对性的专业英语阅读训练。虽然专业英语的听、说、译技能和专业英语语法、词汇知识的训练中都涉及对配套练习题目的阅读或者口语对话文本的阅读,但是没有提升阅读技能。

表 7-5 实验组前后测的学习成绩分析(分)

		总分	短听力	长听力	语法词汇	阅读	翻译
前测	M	74.36	11.33	14.78	15.36	16.17	16.72
	SD	6.543	2.746	2.799	2.072	2.091	2.092
后测	M	87.42	18.94	18.50	18.33	14.31	17.33
	SD	6.942	0.955	1.875	1.394	2.926	3.243
前测—后测	t	−11.142	−15.636	−6.407	−7.556	3.726	−1.076
	p	**0.000****	**0.000****	**0.000****	**0.000****	**0.001****	0.289

* $p<0.05$,** $p<0.01$

控制组如表 7-6 所示,按照课程传统教学方式,经过一个学期的课程学习,配对样

本 t 检验的结果显示控制组前测与后测总分呈极其显著差异,成绩明显上升,p 值为 0.000,小于 0.01。细化比较五个部分的数据,短听力和长听力都呈现极其显著差异,p 值为 0.000,小于 0.01。而语法词汇、阅读、翻译没有显著差异,从绝对值看,阅读均值上升 0.91 分,语法词汇下降 0.59 分,翻译下降 0.10 分。

因此,课程采用传统教学方式也能使学生饭店英语水平显著上升,主要体现在听短句、短对话、长对话的听力技能明显提升,这是因为课程的教学侧重听说操练,通过传统教学,饭店英语的听力技能能够大幅度地提升。但是传统教学对饭店英语的语法词汇知识、阅读技能、翻译技能没有产生显著变化,使听力成绩的提升成为总分呈现极其显著差异的唯一贡献者。

表 7-6 控制组前后测的学习成绩分析(分)

		总分	短听力	长听力	语法词汇	阅读	翻译
前测	M	71.91	12.27	14.45	14.64	15.00	15.55
	SD	8.118	1.980	3.377	1.989	2.204	2.756
后测	M	81.45	17.86	18.18	14.05	15.91	15.45
	SD	5.998	1.833	2.039	2.257	2.562	2.241
前测—后测	t	−6.239	−10.331	−5.233	1.163	−1.848	0.123
	p	**0.000****	**0.000****	**0.000****	0.258	0.079	0.903

* $p<0.05$,** $p<0.01$

将实验组和控制组前测和后测总分、短听力、长听力、语法词汇、阅读、翻译的数据通过折线图对比,如图 7-1 所示,可以直观地看到在总分上,实验组和控制组都有明显上升,实验组上升幅度比控制组大。同样,实验组和控制组的听短句和短对话能力都有明显上升,实验组从前测短听力低于控制组,到后测反超控制组,实验组上升幅度大于控制组。在长听力部分,实验组和控制组的学习成绩都有显著上升,但两者上升幅度几乎相同。在语法词汇上,实验组的成绩有明显上升,而控制组的成绩呈略微下降状态,进一步拉大了实验组和控制组的差距。在阅读方面,实验组的成绩呈明显下降,而控制组的略有上升,两者造成反差。在翻译上,实验组的成绩略有上升,而控制组的略有下降,略微拉大了两者间的差距。

通过图 7-1,6 张实验组和控制组前测和后测的对比图,可以看到课程采用混合式学习比传统教学方式更大程度地提升学生饭店专业英语的综合水平。从听力技能角度看,无论是混合式学习还是传统教学都使学生听短句和听短对话的能力上升幅度远

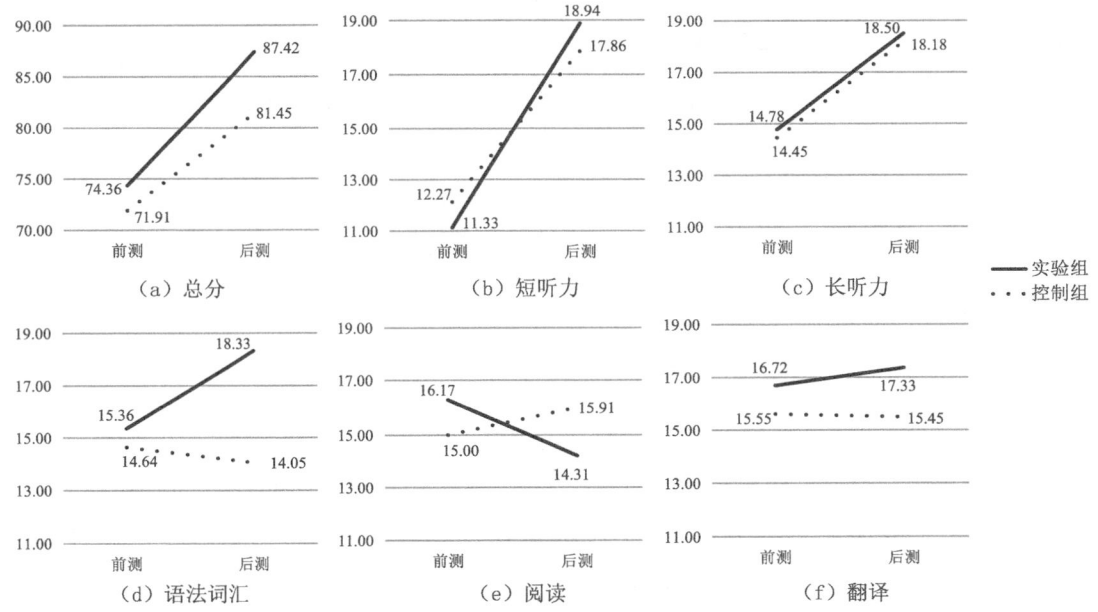

图 7-1 实验组和控制组前后测对比数据

大于听长对话能力的上升幅度,说明在只允许听一遍的考证要求下,因为听长对话的难度大于听短句和听短对话,所以听长对话的上升力小。混合式学习比传统教学方式在短听力上更能体现优势,但两种不同的教学方式在长听力提升上没有差异。在语法词汇提升方面,混合式学习明显优于传统教学方式,混合式学习对饭店专业英语的语法和词汇知识有强化训练,因此能大幅度提升语法词汇成绩,而传统教学因课堂时间有限,无暇训练语法词汇,因此成绩有略微下降。

在专业英语阅读上,混合式学习不如传统教学,传统教学使阅读技能略有上升,而混合式学习因没有涉及阅读训练,使阅读技能明显滑坡。究其原因,混合式学习比传统教学更加强了对饭店英语听说技能的训练,但参与混合式学习的学生无暇额外增加饭店英语的阅读训练,而相比之下接受传统教学的学生虽然也没有进行饭店英语相关的阅读练习,但是控制组学生为旅外专业,有英语读写课程,即使是基础英语阅读,对饭店英语阅读能力提高也有帮助。因此,并不是说传统教学更有利于饭店英语阅读技能的提高,而是实验组一整学期没有接触专业英语阅读,学生的阅读能力有所退化。在翻译技能培养上,混合式学习略微胜于传统教学,混合式学习促使学生的饭店英语翻译技能略有提高,而传统教学使翻译技能有轻微下降。

2)实验组男女生前后测对比数据分析

为研究课程混合式学习对男生和女生学习成绩影响是否存在差异,将实验组细分为男生和女生,分析前测和后测数据。实验组共有男生8人,女生共28人。如表7-7所示,配对样本t检验的结果显示课程混合式学习对男生总分的影响存在极其显著差异,p值为0.004,小于0.01。同时,对男生的短听力也存在极其显著差异,p值为0.000,小于0.01。对语法词汇呈现显著差异,p值为0.023,小于0.05。但是对长听力、阅读、翻译都没有形成显著差异,从绝对值看,男生的长听力提升了3.00分,而阅读下降了0.87分,翻译下降了0.75分。女生前后测总分、短听力、长听力、语法词汇和阅读都存在极其显著差异,其中总分、短听力、长听力和语法词汇都呈显著上升,而阅读呈显著下降,其均分下降2.14分。翻译部分没有存在显著差异,均值上升1.00分。

从上述数据可见,课程混合式学习使男生和女生饭店英语的综合水平得到显著提升,对女生的提升程度略大于男生,女生p值为0.000而男生为0.004。从细化的五部分看,男女生的听短句和听短对话技能都能得到极其显著提升,而听力技能中难度较大的听长对话部分,女生比男生提升幅度大得多,女生呈极其显著差异,而男生没有显著差异。饭店英语语法词汇知识男女生都有明显提升,相比之下,女生提升幅度要大于男生,女生呈极其显著差异,男生呈显著差异。在专业英语阅读技能上,男女生都有下降,但是女生下降程度极其显著,而男生下降没有出现显著差异。从绝对值看,女生前测均值高于男生2.14分,女生后测均分正好是男生前测均分,男生后测均分下跌0.87分,说明前后测女生阅读技能都高于男生,只是女生均分下跌的幅度大于男生,也反映出女生对专项训练的依赖度要远高于男生,当课程没有饭店英语阅读专项训练时,女生的阅读技能就明显下降。在翻译部分,男女生都没有出现显著差异,从均值看,男生略有下降,而女生有所提升。总体而言,课程混合式学习对女生的饭店英语综合水平、技能和知识提高效果优于男生。

表7-7 实验组男女生前后测的学习成绩分析(分)

		总分	短听力	长听力	语法词汇	阅读	翻译
男前测	M	68.75	9.75	14.00	14.50	14.50	16.00
	SD	6.585	3.105	2.828	1.927	3.024	2.138
男后测	M	81.63	18.38	17.00	17.38	13.63	15.25
	SD	6.457	0.744	2.138	1.506	3.378	2.375
男前测—男后测	t	−4.120	−8.793	−2.121	−2.904	0.633	1.158
	p	**0.004****	**0.000****	0.072	**0.023***	0.547	0.285
女前测	M	75.96	11.79	15.00	15.61	16.64	16.93
	SD	5.680	2.515	2.802	2.079	1.496	2.071

(续表)

		总分	短听力	长听力	语法词汇	阅读	翻译
女后测	M	89.07	19.11	18.93	18.61	14.50	17.93
	SD	6.236	0.956	1.585	1.257	2.822	3.242
女前测—女后测	t	−10.479	−13.157	−6.156	−6.971	4.193	−1.441
	p	0.000**	0.000**	0.000**	0.000**	0.000**	0.161

* $p<0.05$，** $p<0.01$

中职旅游情境英语课程混合式学习对不同饭店英语综合水平的学生学业表现的影响应该有所不同。故此，以实验组前测学习成绩为依据，划分成三个分数段，每个分数段的人数分别为80～89分数段共9人、70～79分数段共19人、59～69分数段共8人，其中，由于实验组最低分59分只有一个学生，样本太小，所以归入第三个分数段。数据检验前测三个分数段的学生在经过课程混合式学习后，学习成绩的变化情况。如表7-8所示，配对样本 t 检验的结果显示混合式学习对前测80～89分数段学生总分的影响存在显著差异，p 值为0.018，小于0.05。对70～79分数段、59～69分数段学生总分的影响存在极其显著差异，p 值分别为0.000和0.001，小于0.01。细分的五个部分中，短听力部分前后测三个分数段学生都存在极其显著差异，从绝对值看，80～89分数段提升6.55分，70～79分数段提升7.16分，59～69分数段提升9.88分；长听力部分70～79分数段存在极其显著差异，p 值为0.000，小于0.01，59～69分数段存在显著差异，p 值为0.026，小于0.05，而80～89分数段没有存在显著差异。语法词汇部分三个分数段都呈极其显著差异，p 值分别为0.002，0.000和0.005，都小于0.01。阅读部分三个分数段前后测的均值都下降，70～79分数段学生差异极其显著，其他两个分数段没有显著差异。从绝对值看，80～89分数段下降1.67分，70～79分数段下降2.21分，59～69分数段下降1.25分。翻译部分只有70～79分数段学生出现显著差异，p 值为0.038，小于0.05。其他两个分数段没有显著差异，但是80～89分数段下降1.11分，59～69分数段上升0.75分。

表7-8 实验组各分数段学生前后测的学习成绩分析(分)

		总分	短听力	长听力	语法词汇	阅读	翻译
80～89前	M	82.44	12.67	16.67	16.78	17.89	18.44
	SD	1.590	2.449	2.236	1.394	0.928	0.882

（续表）

		总分	短听力	长听力	语法词汇	阅读	翻译
80~89 后	M	90.56	19.22	18.67	19.11	16.22	17.33
	SD	8.263	0.667	1.732	1.269	2.333	5.292
(80~89) 前—后	t	-2.959	-7.554	-1.897	-4.667	2.294	0.652
	p	**0.018***	**0.000****	0.094	**0.002****	0.051	0.532
70~79 前	M	74.37	11.79	14.53	15.26	16.37	16.42
	SD	2.872	1.475	2.736	2.130	1.461	2.063
70~79 后	M	88.16	18.95	19.05	18.21	14.16	17.79
	SD	4.153	1.026	1.393	1.134	2.035	1.988
(70~79) 前—后	t	-13.766	-14.938	-5.822	-4.956	4.065	-2.233
	p	**0.000****	**0.000****	**0.000****	**0.000****	**0.001****	**0.038***
59~69 前	M	65.25	8.75	13.25	14.00	13.75	15.50
	SD	3.327	3.845	2.605	1.690	2.188	2.070
59~69 后	M	82.13	18.63	17.00	17.75	12.50	16.25
	SD	8.509	1.061	2.390	1.832	4.175	2.915
(59~69) 前—后	t	-5.654	-7.018	-2.813	-4.072	0.718	-1.000
	p	**0.001****	**0.000****	**0.026***	**0.005****	0.496	0.351

* $p<0.05$，** $p<0.01$

由此可见，课程混合式学习能够大幅度提高各个分数段学生的饭店英语综合水平，相比之下中低分数段的学生提高的幅度要高于高分数段的学生，这是因为高分数段的学生从前测均分82.44分提升到90.56分，已经进入优秀等级，上升的空间相对较小。从具体的饭店英语技能和知识层面看，听短句和短对话技能三个分数段都能显著提升，从后测均分看高、中、低三个分数段的排序没有改变。而中低分数段学生听长对话技能提高明显，而且值得注意的是，中段学生后测听长对话的均分还高于高段学生0.38分。因此在听力技能上，混合式学习使中段学生提高幅度最大，尤其体现在难度较大的长对话听力上。混合式学习对三个分数段学生的语法词汇知识都有显著提升，后测成绩也没有改变高、中、低三个分数段的排序，说明语法和词汇的强化训练能够帮助学生提高正确运用语法和词汇的能力。在阅读技能上，课程混合式学习没有能促使学生提升，相反都呈下降趋势，其中中段学生下降最为明显，说明当课程混合式学习缺乏阅读专项训练时，高、中、低段学生的饭店专业英语阅读技能都会退化，因此缺乏相应训练对中段学生影响最大。在翻译技能上混合式学习能显著提升中段学生的技能水平,低段学生能略微提高一点翻译水平,但是高段学生的水平略微下降,甚至高段学生后测成绩均分低于中段学生 0.46 分。总之,课程混合式学习能提升高、中、低段学生饭店英语综合水平,在具体的专业英语技能和知识中,除专业英语阅读外,混合式学习对中等分数段学生的提高效果最好。

7.1.2 课程混合式学习调查问卷数据分析

对中职旅游情境英语课程实施混合式学习的前期,对实验组和控制组进行学习态度问卷调查,在实施结束时对实验组进行课程混合式学习满意度问卷调查,两次调查问卷都以问卷星不记名的形式发放。

1. 学习态度问卷数据分析

根据孙璐(2015)学习态度问卷的设计维度结合课程需要改编本次学习态度调查问卷的题项。该调查问卷从学习认知、学习情感和学习行为三个维度设计问题。调查问卷经过对第一轮试点班的问卷预测,进行题项筛选和修改,最终确定 3 道基本情况题,24 道学习态度题,其中学习认知维度 4 题、学习情感维度 5 题和学习行为维度 15 题。如表 7-9 所示,修改后的学习态度调查问卷,全卷 Cronbach's Alpha 值为 0.879,信度很好。三个维度中,学习行为的信度很好为 0.833,学习认知和学习情感信度较好分别为 0.704 和 0.746。

表 7-9 学习态度调查问卷信度分析

变量名称	样本个数	题项个数	Cronbach's Alpha 值
学习态度(全卷)	34	24	0.879
学习认知	34	4	0.704
学习情感	34	5	0.746
学习行为	34	15	0.833

学习态度调查问卷采用结构效度的评价方法,即因子分析法。KMO 值和 Bartlett 的球形度检验如表 7-10 所示。效度分析结果是 KMO 值 0.710,为较好。通过 Bartlett 球形度检验 $p = 0.000$,差异极其显著。

学习态度问卷调查在课程实施前期借助问卷星发放不记名调查问卷。实验组和控制组回收率 100%,共获得有效答卷 58 份。调查问卷采用李克特五级量表计分。正向题对应计数分别为 1、2、3、4、5 分,反向题重新编码,对应计数分别为 5、4、3、2、1 分。

第7章 旅游情境英语课程混合式学习效果与讨论

表 7-10 学习态度调查问卷效度分析

KMO 和 Bartlett 的检验	
取样足够度的 Kaiser-Meyer-Olkin 度量	0.710
Bartlett 的球形度检验近视卡方	712.189
df	276
Sig.	0.000

问卷三个维度按照题项数量取均值。每个维度 1～2.33 分表示消极，2.34～3.66 分表示一般，3.67～5 分表示积极。同理，总得分 1～5.66 分表示消极的学习态度，5.67～10.33 分表示一般的学习态度，10.34～15 分表示积极的学习态度。具体学习态度调查问卷的题项请见附录。

1) 实验组和控制组学习态度对比分析

实验组和控制组进行独立样本 t 检验，如表 7-11 所示，结果显示总分差异不显著，$p = 0.231$，大于 0.05。从均分看，实验组 11.04 分，控制组 11.61 分，都处于 10.34～15 分数段，说明实验组和对照组学习态度总体没有显著差异，都属于学习态度积极。三个维度中，学习认知和学习行为都不存在显著差异，p 值分别为 0.854 和 0.490，只有学习情感存在显著差异，p 值为 0.033，小于 0.05。从均值看，在学习情感上实验组均分为 3.59 分，控制组均分为 4.00 分，控制组还显著高于实验组。

表 7-11 实验组和控制组学习态度调查数据分析(分)

		总分	学习认知	学习情感	学习行为
实验组	M	11.04	3.85	3.59	3.61
	SD	1.773	0.805	0.731	0.647
控制组	M	11.61	3.89	4.00	3.72
	SD	1.637	0.747	0.599	0.593
实验组—控制组	t	−1.210	−0.185	−2.186	−0.695
	p	0.231	0.854	**0.033***	0.490

* $p<0.05$，** $p<0.01$

从前述学习成绩的均值对比看，课程前测实验组与控制组学习成绩没有显著差异(见表 7-2)，课程后测存在极其显著差异(见表 7-3)，实验组后测学习成绩明显高于控制组。由于实验组与控制组学习态度总分均值都在积极状态的分数范围内，即 10.34～15 分，课程前后测实验组与控制组成绩都有极其显著提高(见表 7-5 和表

7-6),说明积极的学习态度与学习成绩的提高呈正向关系。但反之,实验组与控制组后测学习成绩存在极其显著差异,其原因排除了学习态度的因素,这意味着并不存在因实验组学习态度比控制组积极得多,而使最终学习成绩提高幅度远超控制组。而且,从学习态度问卷均值看(见表7-11),实验组学习态度总分还略低于控制组,在学习情感上实验组还显著不及控制组。因此,实验组采用混合式学习"三部曲"模式是较控制组提高学习成绩更为显著的主要原因。

2)实验组男女生学习态度对比分析

学习态度调查问卷对实验组进一步按男女生细分,男生共8人,女生共28人。如表7-12所示,独立样本 t 检验的结果显示男女生学习态度总分并不存在显著差异,p 值为0.173,但是从均值上看出,男生均值10.29分,属于学习态度一般,而女生均值为11.26分,属于学习态度积极。细分的三个维度中,学习认知和学习行为方面,男女生都不存在显著差异,而学习情感方面男女生存在显著差异,$p=0.013$,小于0.05。

这一结果与表7-11实验组和控制组学习态度对比情况相同,总分、学习认知和学习行为都无显著差异,只有学习情感存在显著差异。因此,与控制组对比造成实验组学习情感显著差异的主要原因来自男生。男生在三个维度上的均值都低于女生,所以总分均值也低于女生,男生学习态度属于一般,而女生学习态度积极。

表7-12 实验组男女生学习态度调查数据分析(分)

		总分	学习认知	学习情感	学习行为
男生组	M	10.29	3.75	3.04	3.49
	SD	2.633	1.232	1.034	0.846
女生组	M	11.26	3.88	3.75	3.64
	SD	1.434	0.665	0.549	0.593
男生组—女生组	t	−1.392	−0.383	−2.606	−0.547
	p	0.173	0.704	**0.013***	0.588

* $p<0.05$,** $p<0.01$

为了更进一步了解原因,对实验组男女生在学习情感维度各题项均值做更为深入的分析。并进行独立样本 t 检验,学习情感的五道题男女生得分对比如表7-13所示,学习态度的二级维度学习情感得分为五道题的均值,五道题的每个题项男生均值都低于女生均值,第二题项和第四题项男女生呈显著差异,p 值分别为0.028和0.044,均小于0.05,其他题项没有显著差异。第二题项"我喜欢做英语书面作业"和第四题项"我很在意我的英语考试成绩"反映出男生不如女生喜欢做英语书面作业,也不如女生在意自己的英语考试成绩,这两个题项是男生学习情感上显著不及女生的主要原因。

表 7-13　实验组男女生学习情感各题项调查数据分析(分)

		学习情感	同伴合作	书面作业	口语作业	自己成绩	他人成绩
男生组	M	3.04	3.16	2.63	3.14	3.38	2.85
	SD	1.034	1.773	1.598	1.690	1.685	1.753
女生组	M	3.75	3.96	3.61	3.67	4.25	3.29
	SD	0.549	0.970	0.875	0.879	0.799	1.301
男生组—女生组	t	-2.606	-1.810	-2.301	-1.300	-2.089	-0.950
	p	**0.013***	0.79	**0.028***	0.202	**0.044***	0.349

* $p<0.05$, ** $p<0.01$

对照表 7-7 实验组男女生前后测的学习成绩,虽然男生学习态度一般,但是男生前后测差异接近女生,都呈极其显著差异。从均值变化看,男生前测 68.75 分,后测 81.63 分,提高了 12.88 分,女生前测 75.96 分,后测 89.07 分,提高了 13.11 分。男生前测成绩低于女生,按理提升的空间更大,但是后测成绩表明男生提高幅度仍然低于女生,进而使男女生成绩的差距拉大。这与男生学习态度一般有密切关系,主要问题在于男生在学习情感上不如女生。

3)实验组各学习水平学生学习态度对比分析

因学习态度的调查问卷以不记名方式答卷,而且课程学习水平是由学生依据课程前期的学习情况自己认定课程能够达到的学期总评成绩。实验组学生自认为课程学习能达到优良水平 80~100 分的共 17 人,中等水平 70~79 分的共 16 人,合格水平 60~69 分的共 3 人,所以没有人认为自己学习水平属于较差或极差。因此将学习水平划分成三个组,即优良组、中等组和合格组。由于是三组对比,无法用独立样本 t 检验,采用单因素方差分析,如表 7-14 所示,结果显示总分、学习认知、学习情感、学习行为在学生自己认为的三个学习水平上都不存在显著差异。从均值上看,优良组和中等组学习态度总分分别为 11.39 分和 10.88 分,属于学习态度积极,合格组学习态度总分为 9.89 分,属于学习态度中等。

表 7-14　实验组各学习水平学生学习态度调查数据分析(分)

		总分	学习认知	学习情感	学习行为
优良组	M	11.39	4.04	3.58	3.78
	SD	2.480	0.956	1.130	0.753

(续表)

		总分	学习认知	学习情感	学习行为
中等组	M	10.88	3.68	3.68	3.53
	SD	1.179	0.680	0.455	0.542
合格组	M	9.89	3.69	3.08	3.13
	SD	0.400	0.144	0.503	0.278
单因素方差分析	F	0.916	0.818	0.542	1.627
	p	0.410	0.450	0.587	0.212

* $p<0.05$,** $p<0.01$

对照表 7-8，按照课程前测成绩划分 80～89 分数段共 9 人、70～79 分数段共 19 人、59～69 分数段共 8 人，虽然学生自认为的课程学习水平与课程前测成绩划分在人数上有出入，自评的各个学习水平人数都上扬，但是也表明学生对自己学好本课程还是很有信心。从总体上来看，无论学习态度积极还是学习态度一般，各个分数段的学生经过课程混合式学习，学业表现都呈极其显著差异，成绩大幅度提升。从均值看，学生自评的优良组、中等组和合格组在学习态度总分上也是从高到低，很明显，虽然学习水平是由学生自己划定，但是也说明自认为是优良组的学生学习态度比中等组和合格组的学生好，同样，认为自己属于合格组的学生，对自己的学习态度评价也是不如优良组和中等组。

2. 课程满意度问卷数据分析

在课程结束后，对实验组开展了课程满意度问卷调查。课程满意度调查问卷参照徐鹏（2017）设计的三个二级维度，围绕课程混合式学习改编问卷的题项。课程满意度调查问卷经过第一轮实证研究对试点班的问卷预测，调整了题项，最终确定共 15 题，具体到三个维度分别为：课程资源维度 6 题，学习环境维度 4 题，课程教学维度 5 题（见表 7-15）。调整后的课程满意度调查问卷，整张问卷 *Cronbach's Alpha* 值为 0.994，信度很好。三个维度课程资源、学习环境和课程教学的信度分别为 0.988，0.980，0.978，也都很好。

课程满意度调查问卷采用结构效度的评价方法，即因子分析法。效度分析如表 7-16 所示，结果是 *KMO* 值 0.757，为较好，通过 Bartlett 球形度检验 $p=0.000$，差异极其显著。

表 7-15 旅游情境英语课程满意度调查问卷信度分析

变量名称	样本个数	题项个数	Cronbach's Alpha 值
课程满意度（全卷）	34	15	0.994
课程资源	34	6	0.988
学习环境	34	4	0.980
课程教学	34	5	0.978

表 7-16 旅游情境英语课程满意度调查问卷效度分析

KMO 和 Bartlett 的检验	
取样足够度的 Kaiser-Meyer-Olkin 度量	0.757
Bartlett 的球形度检验近视卡方	1 524.84
df	105
Sig.	0.000

课程满意度问卷调查以问卷星不记名形式进行。问卷对象为实验组 16 级旅管 1 班共 36 个学生，问卷回收率 100%，有效答卷共 36 份。调查问卷采用李克特五级量表计分，每个维度按照题项数量取均值，以确保任何一个维度的得分在 1～5 分区间内。每个维度 1～2.33 分表示满意度低，2.34～3.66 分表示满意度中等，3.67～5 分表示满意度高。全卷总得分 1～5.66 分表示满意度低，5.67～10.33 分表示满意度中等，10.34～15 分表示满意度高。具体课程满意度调查问卷的题项请见附录。

1）实验组课程满意度分析

如表 7-17 所示，实验组课程满意度总分为 11.92 分，说明实验组学生对课程总体满意度高。三个维度的满意度分别为课程资源 3.98 分，学习环境 3.99 分，课程教学 3.95 分，都属于满意度高。

表 7-17 实验组课程满意度调查数据分析（分）

	总分	课程资源	学习环境	课程教学
M	11.92	3.98	3.99	3.95
SD	2.98	1.010	0.966	1.031
min	5.18	1.83	1.75	1.60
max	15.00	5.00	5.00	5.00

2）实验组男女生课程满意度对比分析

对实验组进一步按男女生细分，如表 7-18 所示，独立样本 t 检验结果显示男女生对课程满意度总分存在显著差异，$p=0.032$，小于 0.05。从均值上看出，男生总分均值 9.95 分，属于满意度中等，而女生总分均值为 12.48 分，属于满意度高。细分的三个维度中，男女生都存在显著差异，p 值分别为课程资源 0.046、学习环境 0.029 和课程教学 0.027，都小于 0.05。男生三个维度的均值都表明满意度中等，而女生三个均值都表示满意度高。可见，男生对课程的满意度不及女生。

表 7-18 实验组男女生课程满意度调查数据分析（分）

		总分	课程资源	学习环境	课程教学
男生组	M	9.95	3.35	3.34	3.25
	SD	4.022	1.329	1.253	1.457
女生组	M	12.48	4.15	4.18	4.15
	SD	2.416	0.846	0.802	0.801
男生组—女生组	t	−2.241	−2.069	−2.281	−2.307
	p	**0.032***	**0.046***	**0.029***	**0.027***

* $p<0.05$，** $p<0.01$

为了更进一步了解原因，对实验组男女生在三个维度各题项均值做更为深入的分析。课程满意度的二级维度课程资源共有 6 题，课程资源得分为 6 个题项的均值。如表 7-19 所示，独立样本 t 检验结果显示在 6 个题项中第三题和第六题男女生均值存在显著差异，p 值分别为 0.040 和 0.011，均小于 0.05。其他题项都没有存在显著差异。第三题"你对旅游情境英语网络课程涵盖教材内容方面是否满意"和第六题"你对旅游情境英语网络课程内容帮助通过考证的满意度"，男生的均值都为 3.25 分，表示满意度为中等，而女生第三题和第六题均值分别为 4.14 分和 4.29 分，表示满意度高。由此可见，在课程资源方面，造成男女生均分显著差异的主要原因为男生对网课涵盖教材内容和网课有助于考证的认同程度没有女生高。

表 7-19 实验组男女生课程资源各题项调查数据分析（分）

		课程资源	内容丰富度	题型丰富度	涵盖教材	拓展教材	内容-英语	内容-考证
男生组	M	3.35	3.38	3.25	3.25	3.50	3.50	3.25
	SD	1.329	1.302	1.488	1.488	1.195	1.195	1.488

（续表）

		课程资源	内容丰富度	题型丰富度	涵盖教材	拓展教材	内容-英语	内容-考证
女生组	M	4.15	4.11	4.11	4.14	4.14	4.14	4.29
	SD	0.846	0.875	0.916	0.891	0.891	0.891	0.763
男生组—女生组	t	−2.069	−1.866	−2.018	−2.137	−1.668	−1.668	−2.696
	p	**0.046***	0.71	0.052	**0.040***	0.105	0.105	**0.011***

* $p<0.05$，** $p<0.01$

如表 7-20 所示，二级维度学习环境共有 4 题，学习环境均分为 4 个题项的均分，独立样本 t 检验结果显示男女生在第一题、第二题和第四题上存在显著差异，p 值分别为 0.014、0.015、0.040，都小于 0.05。第一题"你对易乐学习社区平台各种功能的使用是否满意"，第二题"你对易乐学习社区平台在电脑端和手机端都可登录的满意度"，第四题"你对课堂活动空间是否满意"，男生均值都表示满意度为中等，而女生都是高度满意。说明男生对网课环境和课堂学习环境的不如女生满意，因此学习环境均分呈现显著差异。

表 7-20　实验组男女生学习环境各题项调查数据分析（分）

		学习环境	平台功能	登录方式	语音室环境	课堂空间
男生组	M	3.34	3.13	3.25	3.63	3.38
	SD	1.253	1.458	1.282	1.061	1.408
女生组	M	4.18	4.18	4.18	4.18	4.18
	SD	0.802	0.863	0.772	0.863	0.772
男生组—女生组	t	−2.281	−2.591	−2.570	−1.522	−2.135
	p	**0.029***	**0.014***	**0.015***	0.137	**0.040***

* $p<0.05$，** $p<0.01$

如表 7-21 所示，二级维度课程教学均值为 5 个题项的均分，独立样本 t 检验结果显示在二级维度课程教学上，5 个题项中第二题存在显著差异，p 值为 0.040，小于 0.05，第四题和第五题 p 值分别为 0.009 和 0.008，都小于 0.01，为差异极其显著。第二题"你对旅游情境英语课程网络学习与课堂教学相结合的方式是否满意"，第四题"你对课堂上讨论活动的教学方式是否满意"，第五题"你对旅游情境英语课程总体教学进度是否满意"在这些题项上男生满意度都为中等，而女生满意度都高，因此导致男女生在课程教学维度上呈现显著差异。

表 7-21　实验组男女生课程教学各题项调查数据分析(分)

		课程教学	网课方式	混合方式	自主学习	讨论活动	教学进度
男生组	M	3.25	3.63	3.25	3.38	3.00	3.00
	SD	1.457	1.302	1.488	1.408	1.773	1.773
女生组	M	4.15	4.14	4.11	4.11	4.18	4.21
	SD	0.801	0.848	0.832	0.832	0.772	0.787
男生组—女生组	t	-2.307	-1.346	-2.132	-1.866	-2.777	-2.839
	p	**0.027***	0.187	**0.040***	0.071	**0.009****	**0.008****

* $p<0.05$，** $p<0.01$

3）实验组各学习水平学生课程满意度对比分析

如同学习态度调查问卷,课程满意度问卷不记名,课程学习水平是实验组学生接受一学期课程混合式学习后对自己的课程总评做出的判断。实验组学生自认为课程总评成绩为优秀水平 90～100 分的共 3 人,良好水平 80～90 分共 13 人,中等水平 70～79 分共 16 人,合格水平 60～69 分共 4 人,薄弱水平 0～59 分共 0 人。如表 7-22 所示,将学习水平划分成优秀组、良好组、中等组和合格组。单因素方差分析结果显示总分、课程资源、学习环境和课程教学在四个学习水平上都不存在显著差异。从总分均值看,四个层次组对课程满意度都高,均值分别为 12.66 分、12.96 分、10.97 分和 11.79 分,其中良好组均值最高,而中等组均值最低。在三个维度上,中等组在课程资源和课程教学的满意度均分分别为 3.61 分和 3.64 分,属于中等满意度。良好组三个维度都为最高,表明良好组对课程最满意,而中等组对课程满意度比其他组低。

表 7-22　实验组各学习水平的学生对课程满意度调查数据分析(分)

		总分	课程资源	学习环境	课程教学
优秀组	M	12.66	4.28	4.25	4.13
	SD	4.051	1.251	1.299	1.501
良好组	M	12.96	4.37	4.31	4.28
	SD	2.255	0.776	0.785	0.728
中等组	M	10.97	3.61	3.72	3.64
	SD	3.334	1.100	1.064	1.192

(续表)

		总分	课程资源	学习环境	课程教学
合格组	M	11.79	3.92	3.88	4.00
	SD	2.594	0.957	0.854	0.817
单因素方差分析	F	1.143	1.506	0.978	0.956
	p	0.347	0.232	0.415	0.425

* $p<0.05$，** $p<0.01$

7.2 课程混合式学习结果讨论

经过对中职旅游情境英语课程混合式学习实践成效的数据分析，可以回答第6章第3节提出的课程实践成效研究的五个问题，并对结果作出讨论。

（1）课程混合式学习比传统教学更显著提升学业表现力。与传统教学相比，混合式学习对短听力、口语、翻译、语法词汇的成效呈现显著上升，长听力无显著差异，阅读呈显著下降。

中职旅游情境英语课程混合式学习与传统教学都能显著提升学生的课程学业水平，但是课程混合式学习比传统教学更显著地提升学业水平。实验组从原始基础英语水平明显低于控制组，到本课程前测与控制组没有显著差异，再到后测实验组成绩反超控制组，并存在极其显著差异，到最后考证通过率明显高于控制组。各个研究阶段的数据充分证明课程混合式学习"三部曲"模式在本课程运用中产生了理想的效果。混合式学习优于传统教学这一结论与 Alseweed（2013）的实验研究结论一致，Alseweed 认为这归因于混合式学习使学生产生学习动力和意愿。Banditvilai（2016）也通过实验研究混合式学习对听说读写技能的影响，得出混合式学习比传统的课堂教学更能培养学生的语言技能，因为线上学习学生可以重复访问，激发学生的学习动力和自我管理意识，并且混合式学习改变以教师为中心的教学，同时保留了传统课堂的面对面互动。

课程混合式学习与传统教学相比，两者对饭店专业英语的知识和技能的成效有所不同。混合式学习较之传统教学能极其显著提升学生的听短句和听短对话的能力，而在听长对话方面与传统教学没有显著差异。宋晓忠（2018）对听力技能效果做过研究，测试140个样本，得出混合式教学对大学英语听力有显著提高。其他研究者也表示混合式学习能显著提高听力技能，但是没有文献将听力再细分成短听力和长听力。事实上，短听力和长听力难易度差距大，学生经过一学期的训练，混合式教学在短听力上与传统教学相比提升优势明显,但是长听力优势没有显现,可能因为长听力只允许听一遍更加大了长听力的难度,需要更长时间的训练。在口语技能上,以考证口语合格率为依据,证明混合式教学有明显优势。同样,林芳(2020)也发现混合教学对高职公共英语口语有显著的促进作用。

对于阅读技能,在本书研究的阅读成效与传统教学相比明显下降,结论与刘璐瑶(2021)认为混合教学模式有效提高高中英语阅读能力和成绩相悖。本书研究的阅读技能不升反降的主要原因是课程混合式学习中没有饭店英语阅读训练,偏重听说训练,因此学生阅读技能倒退。还可能因为中职学生对阅读文章缺乏耐心,饭店专业英语的阅读文章难度大,理解困难,就更没有耐心阅读。在翻译技能方面,与传统教学相比,混合式教学显著提高学生翻译水平,结论同杨丽芳(2019)的实验证明,慕课与课堂结合的混合式教学有助于商务英语翻译技巧能力的提升。

从语言知识角度,混合式教学对语法词汇的成效也比传统教学更有显著提升。潘昕(2021)对语法有相似结论,发现在微课混合式教学模式下,高中英语语法提升的效果明显比传统课堂的好。董银秀(2016)在实施翻转课堂的大学英语词汇教学中,发现翻转课堂使学生获得更多交流机会以及内化词汇的时间和次数,因此比传统课堂讲授词汇的效果要优异得多。

(2)课程混合式学习使男女生学业表现力都显著提升,在各知识技能的提升效果上女生显著优于男生。

课程混合式学习使男生和女生的饭店英语综合水平都得到极其显著的提升。从具体知识技能看,男生短听力和语法词汇的技能有显著提升,女生短听力、长听力、语法词汇的技能都有极其显著提升,而女生阅读有极其显著下降,但是后测阅读均值仍然高于男生,因此在饭店英语各知识和技能的提升效果上女生都显著优于男生。这可能因为在课程混合式学习过程中,女生比男生更投入,参与的积极性更高,任务完成的质量更好。但是,女生的缺陷是课程没有训练阅读技能,缺乏主动增加阅读的意愿,导致阅读能力明显下降。

(3)课程混合式学习使各水平学生学业表现力都显著提升,在各知识技能上中等水平学生表现最为显著。

课程混合式学习使饭店英语前测处于高、中、低三个分数段水平的学生都能显著提升学业表现力。在具体知识和技能上,对于不同分数段水平的学生影响不同。前测80~89分的高水平学生,短听力和语法词汇都有极其显著提升。前测70~79分的中等水平学生,短听力、长听力、语法词汇、翻译都有显著提升,阅读呈明显下降,可能因为中等水平学生在课程学习中没有阅读训练,又自己缺乏能力自主增加阅读练习,导致阅读水平下降最为明显。对于前测 59~69 分数段的低水平学生,短听力、长听力、语法词汇都有显著提升。因此,从总体来看,课程混合式学习对中等水平的学生产生的学习效果最好。原因可能是中等水平的学生在英语基础和学习能力上比高水平学生弱一点,又比低水平学生强一点,课程混合式学习"三部曲"模式小步走推进学习,非常适合中等水平的学生。课程提供足够的支架使中等水平学生逐渐提升能力,不断内化,从而比高水平和低水平学生在更多知识和技能上呈现显著提升。反之,当缺乏课程阅读训练的支架时,中等水平学生比高水平和低水平学生更容易呈现显著下降。

(4)学习态度与课程学业表现呈正相关,学习态度积极性和一般的学生学业表现都呈显著提升。

学习态度与课程学业表现呈正相关。实验组和控制组的学习态度总分都为积极,因此实验组的前后测和控制组的前后测的学业表现都呈显著上升。对于不同学习态度的实验组学生,课程学业表现也相应不同。实验组男生学习态度一般,女生学习态度积极,因此无论是前测还是后测,男生的学业表现都不如女生。由于学习态度不同,经过课程混合式学习,男生与女生的差距进一步拉大。同样,课程前期,学生自我判定的课程学业表现能达到的水平与学生的学习态度也密切相关,自认为课程能达到优良水平的学生学习态度均值最高,认为能达到中等水平的学生学习态度均值中等,认为自己能达到合格水平的学生学习态度均值最低。林志萍(2020)有相同结论,实验研究结果为良好的学习态度会促进科研能力的提升,在学习态度的各个维度中,兴趣、努力程度、对自己智力和技能的认知这三个维度影响力最大。

然而,虽然学习态度不同,学业表现也相应不同,但是实验组学习态度积极性和学习态度一般的学生学业表现都呈显著提升。实验组男生学习态度一般,女生学习态度积极,男生和女生课程学业表现都呈显著提升。同样,由学生自己判定的可达到的学习水平分为优良组、中等组和合格组,学习态度均值相应地从高到低,在课程前后测学业表现中各分数段学生也都显著上升。此外,实验组学习态度均分低于控制组,但是课程后测成绩明显高于控制组。这是因为经过课程混合式学习,学习态度积极和学习态度一般的学生都能获得显著提升。

(5)学生对课程混合式学习满意度高,女生满意度高于男生,良好水平学生满意度最高,中等水平学生满意度最低。

实验组学生对课程混合式学习的满意度高,对课程资源、学习环境和课程教学三个维度的满意度都高。Abou Naaj(2012)的研究虽然课程混合式学习的满意度量表维度有所不同,但是结论也是学生对所有的维度都满意。从性别差异上看,男女生对课程混合式学习满意度呈显著差异,女生满意度高于男生,女生满意度高,男生满意度中等。可能因为女生学习比男生认真,获得的学业表现力比男生高,因此对课程满意度比男生高。另外,课程结束时,学生自己判定的课程总评分为优秀、良好、中等和合格四个学习水平,全部对课程满意度高。但从均值看,良好组最高,中等组最低。可能因为各分数段学生学业表现都获得显著提升,所以都对课程表示满意。其中,良好组对课程满意度最高,而不是优良组,可能良好组学生认为优秀组学生凤毛麟角,而成绩往往以80分为界统计优良率,因此学业表现能达到良好水平就很满足,从而对课程满意度最高。反之,中等组对课程满意度最低,而不是合格组,可能因为中等水平的学生依据结论三在课程混合式学习中受益最大,但由于能力有限,无法挤入良好水平,遗憾使中等组的学生满意度最低。

总之,网络课程与面授课堂相结合的混合式学习"三部曲"模式在中职旅游情境英语课程的实证研究中不仅比传统教学更显著地提升学生的学业表现能力,而且学生对课程混合式学习的满意度高,因此研究取得了成功。研究成果对解决中职专业英语课程教学普遍存在的问题起到良好的借鉴作用。

第 8 章 总结与展望

8.1 总结

　　为培养 21 世纪人才，根据中职专业英语课程教学要求，本书应用混合式学习来提升中职专业英语课程的学习成效。本书首先分析目前国内外对中职专业英语课程教学研究的局限性；然后，阐释建构主义学习理论、多元智能学习理论以及学习金字塔理论作为中职专业英语课程混合式学习的理论基础；接着，分析中职专业英语课程需要创新教学，而混合式学习能为中职专业英语课程教学提供支持；随后，以中职旅游情境英语课程为例，研究中职专业英语课程混合式学习，构建中职旅游情境英语课程混合式学习"三部曲"模式；之后，开发旅游情境英语网络课程，以实验对照的方式实施课程混合式学习，最后分析应用效果并作结果讨论。具体成果如下：

　　(1) 建构中职专业英语课程混合式学习理论框架。提出以建构主义学习理论、多元智能学习理论和学习金字塔理论为中职专业英语课程混合式学习理论基础，一一对应中职专业英语课程混合式学习的三个特点，即自主性、个性化和互动性。

　　(2) 建构中职专业英语课程混合式学习整体框架。该框架由学生特征、教学目标、学习环境、学习活动和学习评价五个要素构成，每个要素都有各自的内容组成，要素之间存在不同的关系，体现"学教并重"，强调"主体—主导"的教学结构。

　　(3) 提出中职旅游情境英语课程混合式学习"三部曲"模式。主张以一个单元教学为整体，将学习活动细化为预习新知、强化重点、操作难点"三部曲"，遵循中职专业英语课程混合式学习整体框架，仍由学生特征、教学目标、学习环境、学习活动和学习评价五个要素构成，要素更具体，要素间更融合。在"三部曲"模式下，经反复验证，将第 1 课时安排在语言室学习网络课程的"预习新知阶段"内容，后 3 课时都在面授课堂学习。

（4）开发旅游情境英语网络课程。基于课程混合式学习"三部曲"模式，开发旅游情境英语网络课程。设计旅游情境英语网络课程内容的结构树框架，根据不同的知识点和技能点设计适宜的网络课程单元学习资源自测练习，设定网络课程的学习评价体系。

（5）得到中职旅游情境英语课程混合式学习应用研究的结论。基于中职旅游情境英语课程混合式学习"三部曲"模式，开展了两轮整个学期的实践研究。先导研究一个试点班，正式研究以实验组和控制组相对照的方式开展实践研究。选取"常规入住登记"为典型案例，展示整个单元学习活动的设计与实施。为课程实践研究共采集4次数据，对数据进行多角度分析，检测中职旅游情境英语课程混合式学习的学习成效，并得出五条结论。结论一：课程混合式学习比传统教学能更显著地提升学业表现力，具体而言，与传统教学相比，混合式教学对短听力、口语、翻译、语法和词汇的成效呈现显著上升，长听力技能无显著差异，阅读技能呈显著下降。结论二：课程混合式学习使男女生学业表现力都显著提升，在各知识技能上女生显著优于男生。结论三：课程混合式学习使各水平学生学业表现力都显著提升，在各知识技能上中等水平学生表现力最为显著。结论四：学习态度与课程学业表现呈正相关，但学习态度积极和一般的学生学业表现力都呈显著提升。结论五：学生对课程混合式学习满意度高，女生满意度高于男生，良好水平学生满意度最高，中等水平学生满意度最低。

之所以中职旅游情境英语课程混合式学习总体上能取得成功，是因为基于"三部曲"混合式学习模式充分考虑了学生特征以及课程的提升要求。在信息技术的支持下，学生网络课程学习资源更丰富，更能满足个性化学习的需求，面授课堂的交互方式更为多样和多层次，学生操练的强度更大，有更多交流讨论和表达的机会，有更多团队合作的机会，最终使学生显著提高了饭店英语综合水平。混合式学习模式对培养学生自主学习能力、探索合作能力和创新能力都起到了积极的促进作用，符合现代复合型人才培养的要求。

8.2 存在的不足

尽管笔者在课程混合式学习研究开展之前做了很多准备，也取得了一定的成果，但是本书在研究过程中仍然存在不足。

（1）中职旅游情境英语课程教学中没有纳入阅读技能的培养。虽然中职旅游情境英语课程侧重听说技能的培养，考证指定教材《饭店服务实用英语》也没有提供任何阅读语篇，但是上海市旅游行业饭店外语等级考试饭店英语 B 级前厅部门考证的笔试项目中包含阅读理解，而且语篇难度不低。因此，应该在旅游情境英语网络课程学习资源建设中补充与饭店相关的英文语篇阅读，加强阅读理解训练，同时也拓宽学生对饭店行业的知识面，从而避免因缺乏训练而导致的阅读技能显著下滑。

（2）在对照实验研究中，对变量控制不够严格。在第二轮正式研究时，选择的实验组为 16 级旅管 1 班，控制组为 16 级旅外 1 班。由于实验组和控制组不是同一专业，虽然基础英语课程设置完全相同，也都没有接触过其他专业英语课程，但是先验知识仍然有所不同，实验组学过与旅行社服务有关的中文专业课程，控制组学过英语听说课程和英语读写课程，会对饭店专业英语学习造成一定的影响。而且，实验组和控制组不是同一授课教师，增加了变数。在人数上，实验组 36 人与控制组 22 人之间人数差距较大，而且实验组和控制组的男女比例都失调，男生偏少，女生居多。以上这些变量都没有得到严格控制，并不是通过单一变量检测课程混合式学习的成效。

（3）口语技能没有做前后测数据采集。旅游情境英语课程侧重听说训练，在口语操练方面有很大突破，例如网络课程提供留空的课文音频帮助学生进行人机对话操练，在面授课堂利用卡片增强口语操练等。但是因受条件限制，没有进行口语前后测，只有考证口语结果，这样就缺乏课程对口语训练的过程性数据，成为了实践研究的短板。

8.3　展望

（1）对于阅读技能课程，混合式学习的效果不佳，学生成绩不升反降，需进一步开展研究。可以通过在网络课程中增补与饭店相关的英文语篇，编制配套阅读练习来加强阅读理解的训练。然后再检测与传统课堂教学相比，课程混合式学习是否能显著提升阅读技能。

（2）在实践对象的选择上应改变思路，在班级选择受到限制的情况下，可以考虑将同一个班级拆分成实验组和控制组，如果同一个班级拆分后样本数量过小的话，可以考虑将两个班级进行班级内拆分，尽可能减少可变因素。

（3）口语对话能力应增加前测和后测。虽然是主观评分，但是可以通过统一评分标准,对评分老师进行适当培训等方式,增添过程性检测。虽然无法达到考证时口试项目由2名考官对1名考生的要求,但是对口语形成性评价不仅仅提供更多的口语技能研究数据,而且通过口语对话的及时评价反馈有助于学生提高口语技能。

参考文献

陈雪,2018.探析学习金字塔理论指导下的高中英语词汇教学[J].中国校外教育,(11):90.

董银秀,2016.混合学习视角下的大学英语翻转课堂词汇教学新模式研究与实践[J].兰州交通大学学报,35(5):97-102.

杜欢,2016.多元智能理论下的我国英语教学研究综述[J].时代教育,(3):34-36+38.

樊伽利,2018.关于跨境电商背景下商务英语专业教学研究[J].商场现代化,(10):27-28.

范瑜艳,2020.中职饭店专业英语课程工学融合体验式教学实践探索[J].海峡科学,(10):91-93.

方丽妹,2020.任务型教学法在中职学前教育专业英语教学中的应用[J].海外英语,(19):116-117.

高美,2019.世界技能大赛背景下中职专业英语语用实践教学探索[J].求学,(11):33-34.

国务院,2019.国家职业教育改革实施方案[Z].中华人民共和国国务院公报,1-24.

国务院,2010.国家中长期教育改革和发展规划纲要(2010—2020)[Z].中华人民共和国国务院公报,5-5.

韩恩月,2018.VR技术在中职酒店英语教学中的应用[J].科教导刊,(24):113-114.

韩建全,2010.多元智能理论在英语学困生转化中的应用研究[J].教育与职业,(6):87-88.

何克抗,2004a.从Blended Learning看教育技术理论的新发展(上)[J].中国电化教育,(3):5-10.

何克抗,2004b.从Blended Learning看教育技术理论的新发展(下)[J].中国电化教育,(4):10-15.

胡鑫鑫,2021.基于PBL的混合教学模式在初中数学教学中的实践探索[D].喀什大学.

黄庆华,2021.基于需求分析的中职护理专业英语教学引入ESP的可行性研究[J].广东职业技术教育与研究,(1)：118-122.

教育部等九部门,2020.职业教育提质培优行动计划（2020—2023年）[Z].中华人民共和国教育部公报,9-23.

黎春芳,2020.中职计算机英语教学与职业岗位衔接的探讨[J].科技视界,(1)：123-124.

黎加厚,2004.关于"Blended Learning"的定义和翻译[J].www.feast.net/jiahou/archives/OG18.html.

李春花,2019.中职英语教学助力乡村生态旅游业发展——浅谈体验式中职旅游英语口语教学[J].职校论坛,(8)：81-83.

李克东,赵建华,2004.混合学习的原理与应用模式[J].电化教育研究,07：1-6.

李如雪,2020.基于混合教学模式的大学生网络学习空间应用研究[D].河北师范大学.

李数函,2020.基于行动导向的"三双三阶段"专业英语教学探究——以成都市技师学院电子信息工程专业为例[J].教育科学论坛,(7)：66-69.

李斯莹,2020.教育戏剧在中职幼教专业英语教学中的应用探究[D].广东技术师范大学.

李颖,2019.多维混合学习模式下的学习共同体构建设计——以《旅游综合英语》课程为例[J].南昌教育学院学报,(1)：84-87.

李永妹,2019.浅谈中职旅游英语课堂教学中的微课应用[J].课程教育研究,(10)：111.

林芳,2020.高职公共英语口语多模式混合教学设计及应用效果[J].高等职业教育——天津职业大学学报,29(4)：42-45+96.

林志萍,2020.混合教学模式下本科护生学习态度对科研能力影响的典型相关分析[J].九江学院学报（自然科学版）,(4)：1-5+24.

刘璐瑶,2021.混合教学模式在高中英语阅读教学中的应用研究[D].喀什大学.

罗容华,2019.基于交际教学法的中职英语专业语法教学的实证研究[D].广西师范大学.

马建桂,张敬品,2010.多元智能理论视角下的大学英语分级教学新思路[J].中国成人教育,(10)：163-164.

南国农,2010.教育技术理论研究的新进展[J].电化教育研究,(1)：8-10.

潘昕,2021.基于微课的混合式教学模式在高中英语语法教学中的应用研究[D].哈尔滨师范大学.

彭媛媛,2018.理实一体化教学方法在中职城轨专业英语教学中的实验研究[D].广西师范大学.

任贤,2021.翻转课堂教学模式在《汽车专业英语》教学中的探索[J].汽车维护与修理,(2)：19-21.

上海市教育委员会,2018.上海市中等职业学校旅游服务与管理专业教学标准[Z].华东师范大学出版社,9.

上海市教育委员会,2013.上海市中等职业学校旅游外语专业教学标准[Z].华东师范大学出版社,12.

上海市人民政府,2018.关于促进上海旅游高品质发展加快建成世界著名旅游城市的若干意见[Z].上海市人民政府公报.

史天化,2021.云服务雨课堂混合式学习模式构建研究——以"英语阅读"课程为例[J].北京化工大学学报(社会科学版),(1)：100-106.

宋晓忠,2018.英语听力多模态混合教学实验研究[J].牡丹江教育学院学报,(12)：48-53.

孙璐,2015.缅甸东枝地区初中生汉语学习态度调查研究[D].云南大学.

唐韩峰,2018.角色扮演法在中职英语教学上的应用初探——以酒店管理专业为例[J].海外英语,(14)：24-25.

王倩,2016.中等职业教育选择性课程的混合学习模式研究[D].浙江工业大学.

韦春甜,2019.中职汽车专业英语教学与现代汽车行业如何有效衔接[J].校园英语,(8)：50-51.

吴君,2019.基于微信的交互式大学英语混合学习模式构建与应用[J].教学研究,42(6)：16-21.

吴赛平,2020.关于中职汽修专业英语教学改革的探究[J].校园英语,(3)：37.

萧建蕾,2019.浅谈微课在中职珠宝专业英语教学中的运用[J].校园英语,(34)：76.

肖世荣,2020.混合学习模式在小学高年级英语阅读教学中的应用研究[D].淮北师范大学.

熊再红,2018.分层目标驱动法在计算机专业英语教学中的应用[J].互联网+教育,(3)：188.

徐鹏,2017.SVCCI学生课程满意度测评研究及提升策略[D].电子科技大学.

徐杨帆,2019.中职英语教学与电子商务专业的整合探讨[J].校园英语,(3)：57.

杨丽芳,2019.高职"商务英语翻译技巧"学习者学习效能提升研究——基于慕课视角[J].营销界,(7)：263-264.

游小蓉,2012.混合学习在中职英语写作教学中的应用研究[D].重庆师范大学.

于广,2008.大学英语教学多元评价体系探析与思考[J].中国高教研究,(8)：92-93.

俞绩伟,2020.中职英语教学与烹饪专业相结合的探索和实践[J].职业,(10)：100-102.

曾茵茵,曾旭,2019.中职护理专业英语课程的微课开发与应用[J].广西教育,(6)：126-127.

张海芸,2018."互联网+教育"环境下基于混合学习模式的写作教学实践探究——以中职商务英语写作课程为例[J].职业教育,17(23)：15-19.

张李,2020.基于就业导向下的中职烹饪专业英语教学研究[J].校园英语,(7)：63.

张淼,2019.产出导向法在中职导游服务专业英语口语教学中的应用研究[D].云南大学.

张文文,2020.学习金字塔理论在小学英语教学中的实践[J].教学理论与实践,(7):3.

张细呈,2017.基于网络教学平台的混合学习模式研究[D].宁波大学.

张艳娜,2019.中职学校邮轮乘务专业英语情境教学行动研究[D].鲁东大学.

张宇,沈向阳,2005.多元智能理论在英语阅读教学中的运用基础[J].英语教育,7(5):54-57.

中共教育部党组,2018.中共教育部党组关于认真学习贯彻全国教育大会精神的通知[Z].中华人民共和国教育部公报,9-14.

中华人民共和国教育部,2002.教育信息化"十五"发展规划(纲要)[EB/OL].http://www.moe.gov.cn/srcsite/A16/s7062/200209/t20020904_82366.html,9-4.

周红娜,2019."慕课"环境下专业英语教学的改革方向研究[J].海外英语,(23):71-72.

周璐,2020.技能赛与中职商务英语专业教学无缝衔接模式的探索与实践[J].求学,(2):50-51.

Abou Naaj M, Nachouki M, Ankit A, 2012. Evaluating student satisfaction with blended learning in a gender-segregated environment [J]. Journal of Information Technology Education: Research, 11(1): 185-200.Al Mahmud, A, 2013. Constructivism and reflectivism as the logical counterparts in TESOL: Learning theory versus teaching methodology [J]. TEFLIN journal, 24(2): 237-257.

Alseweed M. A, 2013. Students' achievement and attitudes toward using traditional learning, blended learning, and virtual classes learning in teaching and learning at the university level[J]. Studies in Literature and Language, 6(1): 65-73.

Banditvilai C, 2016. Enhancing students language skills through blended learning[J]. Electronic Journal of e-Learning, 14(3): 223-232.

Bersin & Associates, 2003. Blended learning: What works? An industry study of the strategy, implementation, and impact of blended learning[A].Bersin & Associates.

Dale E, 1946. Audiovisual methods in teaching [M].New York: Holt, Reinhart & Winston.

Driscoll, M, 2002. Blended Learning: Let's get beyond the hype[J].e-learning, (3): 54.

Eurostat, 2020. Vocational education and training statistics [DB/OL]. https://ec.europa.eu/eurostat/statistics-explained/index.php?title=Vocational_education_and_training_statistics,9.

Gardner, H, 1983. Frames of Mind [M]. New York: Basic Books Inc.

Gardner, H., & Hatch, T, 1989. Multiple intelligences go to school: Educational implications of the theory of multiple intelligences [J].Educational Researcher, 18(8): 4-9.

Gardner, H, 1999. 多元智能 [M]. 北京: 新华出版社.

Garrison, D. R., & Kanuka, H, 2004. Blended learning: Uncovering its transformative potential in higher education [J]. Internet and Higher Education, (7): 95-105. https://doi.org/10.1016/j.iheduc.2004.02.001.

Graham, C. R, 2006. Blended learning systems: Definition, current trends and future directions. In C. J. Bonk & C. R. Graham (Eds.), The handbook of blended learning: Global perspectives, local designs [M]. San Francisco, CA: Pfeiffer Publishing, 3-21.

Hancock, S., & Wong, T, 2012. Blended Learning. Retrieved July 31. http://sites.wiki.ubc.ca/etec510/Blended_Learning#cite_note-3.

House, R, 2002. Clocking in column [A]. The Spokesman-Review.

Larsen, L. J, 2012. Teacher and student perspectives on a blended learning intensive English program writing course [D]. Ames: Iowa State University.

Neumeier, P, 2005. A closer look at blended learning-parameters for designing a blended learning-environment for language teaching and learning [M]. ReCALL, 17(2), 163-178. https://doi.org/10.1017/S0958344005000224.

Orey, M, 2003a. Definition of Blended Learning [DB/OL]. University of Georgia http://www.arches.uga.edu/~mikeorey/blendedLearning, 2-21.

Orey, M, 2002b. One year of online blended learning: Lessons learned [C]. Annual Meeting of the Eastern Educational Research Association, Sarasota, FL.

Piaget, J, 1972. The psychology of the child [M]. New York: Basic Books.

Rahimi, A., & Behjat, F, 2011. On the screen or printed: A case of EFL learners' online and offline reading the press [J]. i-manager's Journal on English Language Teaching, 4-6.

Reay, J, 2001. Blended Learning-a fusion for the future [J]. Knowledge Management Review, 4(3): 6.

Rooney, J. E, 2003. Blended learning opportunities to enhance educational programming and meetings [J]. Association Management, 55(5): 26-32.

Rossett, A, 2002. The ASTD E-learning Handbook [M]. McGraw-Hill.

Sands, P, 2002. Inside outside, upside downside: Strategies for connecting online and face-to-face instruction in hybrid courses [J]. Teaching with Technology Today, 8(6).

Singh, H., & Reed, C, 2001. A White Paper: Achieving Success with Blended Learning [A]. Centra Software.

Staker, H., & Horn, M. B, 2012. Classifying K-12 blended learning [M]. Innosight Institute.

Suhendi, A, 2018. Constructivist learning theory: The contribution to foreign language learning and teaching [J]. KnE Social Sciences, 87-95.

Thomson, I, 2003. Thomson job impact study: The next generation of corporate learning [DB/OL]. Thompson, Inc. http://www.netg.com/DemosAndDownloads/Downloads/JobImpact.pdf, 7-7.

Tucson, A.Z. Framework for 21st century learning [EB/OL]. Partnership for 21st Century Skills, 2009a. www.21stcenturyskills.org/documents/framework_flyer_updated_april_2009.pdf on November 1, 2009.

Uyên D T T, & Tho' V -D, 2016. The effectiveness of the self-assessment and peer-teaching activity based on the learning pyramid on the students' retention in learning vocabulary at the university of economics Ho Chi Minh City [C] //Proceedings of The First International Conference on Language Development (ICLD 2016), 239-252.

Valiathan P, 2002. Blended learning models [J]. Learning circuits, 3(8): 50-59.

Vygotsky, L, 1978. Mind in society [M]. Cambridge, MA: Harvard University Press.

Ward, J., & LaBranche, G. A, 2003. Blended learning: The convergence of e-learning and meetings [J]. Franchising World, 35(4): 22-23.

Woodall, D, 2010. Blended learning strategies: Selecting the best. SSWP.1610.0810.

Young, J. R, 2002. 'Hybrid' teaching seeks to end the divide between traditional and online instruction [A]. Chronicle of Higher Education, 3-22: 33.

后　　记

本书源于由笔者主持的上海市教育委员会教育信息技术应用研究项目（中等职业教育类）"基于网络课程的旅游情境英语课程混合教学模式的实践研究"课题，该课题已于2018年结题。结题后，经过对课题的反思，再次大量查阅文献资料，决定将课题名中的"课程混合教学"改为"课程混合式学习"，以还原Blended Learning的本意，突显在教学过程中，学生为学习的主体，教师为设计者、促进者、帮助者和监督者的角色定位。

对结题项目的再思考使笔者受益匪浅，在撰写本书过程中，笔者重新收集国内外的文献资料，进一步学习理论，建立中职专业英语课程混合式学习理论框架；经过再三思考后，又确立中职专业英语课程混合式学习整体框架；并再次规范中职旅游情境英语课程混合式学习"三部曲"模式的细节，使中职旅游情境英语课程混合式学习"三部曲"模式在中职专业英语课程混合式学习整体框架之下包含五个基本要素；还对旅游情境英语网络课程设计的撰写角度进行调整，重新梳理中职旅游情境英语课程混合式学习应用研究过程以及数据分析，使脉络更为清晰，研究结论一目了然。

非常感谢华东师范大学教育信息技术学系副主任徐显龙博士的专业指导。他对本书的整体框架和内容提出了宝贵的指导意见，使笔者在学术领域的研究能力上了一个台阶。同时，十分感谢同事语文教研组组长潘容老师的答疑解惑，感谢笔者所在单位上海市商贸旅游学校领导的鞭策鼓励。另外，还要感谢本书编辑，其严谨的工作态度时时感染着我，由此促成本书的出版。最后，我还要感谢我的家人，是他们的理解和支持激励我克服种种困难。

2022年2月

附　　录

附录一　中职旅游情境英语课程教学问题访谈提纲

1. 高星级酒店员工

（1）请问你是前厅哪个岗位？

（2）你的岗位日常工作是什么？

（3）你的岗位上哪些方面会用到英语？

（4）在与客人交流时，客人主要会询问什么问题，或者希望得到什么帮助？

（5）在用英语交流时，你会遇到哪些语言障碍？你又如何记住流程和对应的语句？

2. 高星级酒店前厅部门经理或者人事经理

（1）请问酒店对前厅部门的员工主要有哪些要求？

（2）这个岗位对前厅部门员工英语有哪些要求？

（3）前厅部门员工是否有定期的英语培训？

（4）在接待外国客人时，是否有什么典型事例？

（5）酒店对员工英语能力如何考核和奖励？

3. 授课教师

（1）请问你曾经给哪些班级上过旅游情境英语课程？

（2）不同班级之间学习旅游情境英语课程有什么主要差异？

(3) 在课堂教授旅游情境英语时你遇到哪些困难?

(4) 对《饭店服务实用英语》教材,你如何看待?

(5) 你会采取哪些措施帮助学生通过考证?

4. 上过该课程学生

(1) 请问你是哪个班级的学生?

(2) 你在学习旅游情境英语课程的感受是什么?

(3) 在背前厅部门的对话时,你面临主要的困难是什么?

(4) 你会如何利用《饭店服务实用英语》教材?

(5) 你会如何看待饭店前厅 B 级考证?

附录二　学习态度调查问卷

亲爱的同学：你好！

　　这份问卷的主要目的在于探讨你参与旅游情境英语课程学习的成效，以及本次学习对你未来参加饭店英语考证检定的影响。期望这项研究能有助于提升教学成效与质量。

　　本问卷采用匿名的方式，保密性高，请你不要有任何顾虑。填答内容为学习态度相关研究，仅供统计分析之用，请你根据个人实际情形回答所有问题。再次感谢你惠予协助！

（1）你的班级是＿＿＿＿＿＿＿。
　　　□16 级旅外 1 班　　□16 级旅管 1 班
（2）你的性别是＿＿＿＿＿＿＿。
　　　□男　　　□女
（3）你的饭店英语成绩学期总评能处于＿＿＿＿＿＿＿。
　　　□80～100 分　　□70～79 分　　□60～69 分　　□40～59 分　　□0～39 分
（4）我知道学好《饭店服务实用英语》对就业有帮助。
　　　□完全不符合　　□基本不符合　　□不确定　　□基本符合　　□完全符合
（5）我知道学好《饭店服务实用英语》对升学有帮助。
　　　□完全不符合　　□基本不符合　　□不确定　　□基本符合　　□完全符合
（6）我知道学习《饭店服务实用英语》对考证有帮助。
　　　□完全不符合　　□基本不符合　　□不确定　　□基本符合　　□完全符合
（7）我觉得《饭店服务实用英语》学得好不好无所谓，反正以后不从事饭店相关工作。
　　　□完全不符合　　□基本不符合　　□不确定　　□基本符合　　□完全符合
（8）我喜欢与同学们一起完成英语学习任务。
　　　□完全不符合　　□基本不符合　　□不确定　　□基本符合　　□完全符合
（9）我喜欢做英语笔头作业。
　　　□完全不符合　　□基本不符合　　□不确定　　□基本符合　　□完全符合

(10) 我喜欢做英语口语作业。

　　□完全不符合　　□基本不符合　　□不确定　　□基本符合　　□完全符合

(11) 我很在意我的英语考试成绩。

　　□完全不符合　　□基本不符合　　□不确定　　□基本符合　　□完全符合

(12) 我非常感兴趣谁是全班考得最好的。

　　□完全不符合　　□基本不符合　　□不确定　　□基本符合　　□完全符合

(13) 我有明确的英语学习目标。

　　□完全不符合　　□基本不符合　　□不确定　　□基本符合　　□完全符合

(14) 上课时我经常无法专心听讲。

　　□完全不符合　　□基本不符合　　□不确定　　□基本符合　　□完全符合

(15) 我总是认真完成英语作业。

　　□完全不符合　　□基本不符合　　□不确定　　□基本符合　　□完全符合

(16) 我总是先完成英语作业，再做其他学科的作业。

　　□完全不符合　　□基本不符合　　□不确定　　□基本符合　　□完全符合

(17) 我总是要到催交作业时，才去完成作业。

　　□完全不符合　　□基本不符合　　□不确定　　□基本符合　　□完全符合

(18) 我时常不能按时完成作业。

　　□完全不符合　　□基本不符合　　□不确定　　□基本符合　　□完全符合

(19) 英语课前我会做好预习。

　　□完全不符合　　□基本不符合　　□不确定　　□基本符合　　□完全符合

(20) 英语考试前我会认真复习。

　　□完全不符合　　□基本不符合　　□不确定　　□基本符合　　□完全符合

(21) 我遇到不懂的问题会去问同学。

　　□完全不符合　　□基本不符合　　□不确定　　□基本符合　　□完全符合

(22) 我遇到不懂的问题会去问老师。

　　□完全不符合　　□基本不符合　　□不确定　　□基本符合　　□完全符合

(23) 我遇到不懂的问题会自己努力思考解决。

　　□完全不符合　　□基本不符合　　□不确定　　□基本符合　　□完全符合

(24) 我遇到不懂的问题就让它去。

　　□完全不符合　　□基本不符合　　□不确定　　□基本符合　　□完全符合

(25) 我背英语时，不会去理解意思。

　　　　　　□完全不符合　　□基本不符合　　□不确定　　□基本符合　　□完全符合

(26) 我偏重于理解，所以只背个大概意思。

　　　　　　□完全不符合　　□基本不符合　　□不确定　　□基本符合　　□完全符合

(27) 课堂上，我有自己的见解，但不敢表达。

　　　　　　□完全不符合　　□基本不符合　　□不确定　　□基本符合　　□完全符合

附录三 课程满意度调查问卷

亲爱的同学：你好！

  非常感谢你抽出宝贵时间填写本问卷。本次问卷旨在了解你对旅游情境英语课程实施网络学习与课堂教学混合模式的满意度，希望你能如实填写。本问卷采用匿名的方式，保密性高，请你不要有任何顾虑。你回答的真实性对结果的科学性至关重要。非常感谢你的支持与配合。

(1) 你的性别是_____。
  □男　　□女
(2) 你的旅游情境英语课程学期总评能处于_____。
  □90～100 分　　□80～89 分　　□70～79 分　　□60～69 分　　□0～59 分
(3) 你对旅游情境英语网络课程内容丰富度满意度是_____。
  □非常不满意　　□不太满意　　□一般　　□满意　　□非常满意
(4) 你对旅游情境英语网络课程的各种题型总体满意度是_____。
  □非常不满意　　□不太满意　　□一般　　□满意　　□非常满意
(5) 你对旅游情境英语网络课程涵盖教材内容方面的满意度是_____。
  □非常不满意　　□不太满意　　□一般　　□满意　　□非常满意
(6) 你对旅游情境英语网络课程拓展教材内容方面的满意度是_____。
  □非常不满意　　□不太满意　　□一般　　□满意　　□非常满意
(7) 你对旅游情境英语网络课程内容帮助提高英语水平的满意度是_____。
  □非常不满意　　□不太满意　　□一般　　□满意　　□非常满意
(8) 你对旅游情境英语网络课程内容帮助通过考证的满意度是_____。
  □非常不满意　　□不太满意　　□一般　　□满意　　□非常满意
(9) 你对易乐学习社区平台的各种功能的使用满意度是_____。
  □非常不满意　　□不太满意　　□一般　　□满意　　□非常满意
(10) 你对易乐学习社区平台在电脑端和手机端都可登录的满意度是_____。
  □非常不满意　　□不太满意　　□一般　　□满意　　□非常满意

(11) 你对语音室的学习环境的满意度是_____。
　　　□非常不满意　　□不太满意　　□一般　　□满意　　□非常满意

(12) 你对课堂活动空间的满意度是_____。
　　　□非常不满意　　□不太满意　　□一般　　□满意　　□非常满意

(13) 你对旅游情境英语网络课程的学习方式的满意度是_____。
　　　□非常不满意　　□不太满意　　□一般　　□满意　　□非常满意

(14) 你对旅游情境英语网络学习与课堂教学相结合的方式是否满意？
　　　□非常不满意　　□不太满意　　□一般　　□满意　　□非常满意

(15) 你对旅游情境英语网络课程学习帮助提高自主学习能力的满意度是_____。
　　　□非常不满意　　□不太满意　　□一般　　□满意　　□非常满意

(16) 你对课堂上讨论活动的教学方式的满意是_____。
　　　□非常不满意　　□不太满意　　□一般　　□满意　　□非常满意

(17) 你对旅游情境英语课程总体教学进度的满意是_____。
　　　□非常不满意　　□不太满意　　□一般　　□满意　　□非常满意